PRISCUS

ANTIQUES

PRISCUS　01

辛亥百年典藏史畫

中國史畫100幅
辛亥革命現場報導

編者：徐宗懋圖文館
撰文：徐家寧
責任編輯：湯皓全
校對：萬淑香
美術編輯：張士勇
法律顧問：全理法律事務所董安丹律師
出版者：大塊文化出版股份有限公司
台北市105南京東路四段25號11樓
www.locuspublishing.com
讀者服務專線：0800-006689
TEL：（02）87123898
FAX：（02）87123897
郵撥帳號：18955675
戶名：大塊文化出版股份有限公司
版權所有　翻印必究

總經銷：大和書報圖書股份有限公司
地址：新北市新莊區五工五路2號
TEL：（02）89902588（代表號）
FAX：（02）22901658
製版：瑞豐實業股份有限公司
初版一刷：2011年10月
全套定價：新台幣3800元(不分售)
Printed in Taiwan

中國史畫100幅

100 Historical Illustrations of China by The Illustrated London News

《倫敦新聞畫報》1854～1912

徐宗懋圖文館編 ・ 徐家寧撰文

目次

8 　總言：知識即國力 徐宗懋

10 　前言：近代中國的反光鏡 徐家寧

18 　太平天國事件

20 　英軍砲擊廣州城

22 　增援的英國軍艦（一）

24 　增援的英國軍艦（二）

26 　英軍在廣州遇襲

28 　廣州的貿易

30 　中國及廣州的地圖

32 　簽訂《天津條約》

34 　英軍運送傷患

36 　廣州海幢寺

38 　太平軍與英軍交火

40 　中國人的葬禮

42 　清軍在大沽的防禦圖

44 　英軍的野餐會

46 　香港的錫克騎兵

48 　英法聯軍集結大連

50 　英軍由大連灣出發

52 　北塘的印度步兵團

54 　關鍵的八里橋戰役

56 　北京城淪於西人之手

58 　中國人送來賠款

60 　老北京的市井生活

62 　北京街頭茶坊

64 　英軍協助攻打太平軍

66 　太平天國首邑南京天王府

68 　南京明孝陵

70 　明孝陵的神道

72　繁華的北京城

74　中國人的婚禮

76　蒲安臣使團

78　長江風光

80　壯麗的三峽

82　同治皇帝的婚禮

84　各地送來的賀禮

86　皇后被送入宮中

88　迎接皇后的儀仗隊

90　恭親王騎馬帶隊

92　正陽門北望

94　中國畫師的描繪

96　中國傳統的體現

98　中國苦力運煤

100　通往長城的南口

102　八達嶺長城

104　明十三陵

106　同治皇帝祭天

108　莊重的祭天儀式

110　北京的蒙學男校

112　上海馬術越野賽

114　上海的鄉村生活

116　同治皇帝接見使臣

118　華工在三藩市登岸

120　中國第一條鐵路

122　上海的獨輪車

124　中國的剃頭店

126　巴黎世博會的中國館

128　看布告

130 街頭的算命先生

132 北洋海軍新艦

134 江南機械局生產槍枝

136 洋人指導生產大砲

138 北方的古道

140 外國鴉片由上海入口

142 福州古城的風光

144 福州鼓山寺

146 中國軍隊集結福州

148 工作中的赫德爵士

150 甲午戰爭中國徵兵

152 戰鬥中的淮軍

154 中國軍隊趕往前線

156 中國官兵戰地紮營

158 北京城外

160 修復中的「鎮遠號」

162 徵兵

164 被俘的中國官兵

166 李鴻章覲見英國女王

168 李鴻章悼念戈登

170 李鴻章拜訪格拉斯通

172 進口的英國商品

174 遠眺煙臺

176 中國人清明節祭祖

178 即墨城西門

180 新牌樓的落成儀式

182 義和團民被收編

184 運河上的水閘

186 中國人的茶館

188　武裝的「義和團民」

190　中國民間強烈的排外情緒

192　兩宮西巡

194　八國聯軍的孟加拉騎兵

196　東交民巷中的激戰

198　八國聯軍在天津

200　被燒燬的豐台車站

202　中國的火炕

204　風力扒犁

206　獵捕黑貂

208　孟加拉騎兵接受瓦德西檢閱

210　德國使館內的交談

212　日俄戰爭的俄國砲兵

214　中國組建新式陸軍

216　辛亥革命與民國的命運

218　附錄：西洋畫刊與辛亥革命前後　徐家寧

220　慈禧太后肖像

222　李鴻章肖像

224　巴黎世博會中國館

226　中國成立新式軍隊

228　中國新軍檢閱儀式

230　晚清大臣考察西方憲政

232　中國人第一次看到飛機

234　中國人學習西方服飾禮儀

236　腐化的大清官僚

238　溥儀大婚盛典

總言
知識即國力

徐宗懋

　　由於曾從事國際新聞報導工作近二十年，我深深感受到
傳播事業與國力之間的密切關係。最明顯的就是，政經實力
強大國家的傳媒，有能力派遣記者到遙遠的國度進行採訪，
該國政府也可以提供政治，甚至軍事的奧援，使得採訪報導
工作可以落實。

　　儘管如此，這種便利也可以只是表面的。就好像中國人
最初看見西方的船堅砲利時，以為巨大的戰艦和厲害的火砲
代表了一切，後來才認識到那些現代武器的生產和運作，其
實需要先進工業和社會體系的支撐。傳播事業亦是如此，除
了龐大物力的支持外，一名攝影或文字記者被派駐國外，向
本國或世界的讀者報導該國所發生的事情。從即時性的新聞
事件，到一般性的介紹，如城鄉發展，風土人情，自然風
貌，民族特性等等。從少到多，由淺入深，都代表了廣義知
識的探索和追求，這就是一種精神。

他們所創作的圖文刊在報紙上，每天早上放在該國政治、商業、文化教育界人士，乃至一般百姓的餐桌上，成為閱讀者每天連繫這個世界的方式。這種快速便捷的新聞傳播，代表了該國兩方面的發展：一是知識體系，反映在公共圖書、學校教育、研究單位、出版業等等；二是工業體系，反映在通信、印刷、製圖、運輸等等。簡單說，進步的傳播事業背後，必然存在一種精神追求，要知道更多更細，並且不斷提升這種求知的效率；也必定存在一種物質企圖，要生產更精密的照相機、打字機，發明更快速準確的印刷和通訊器材。更別說，對知識權利的體認，將促成更開放、更具包容性的言論環境，日復一日，必將帶動社會和政治體系的演變。

十九世紀大英帝國傳播事業的發展，代表兩層意義：一是滿足海外殖民擴張的資訊需求。二是傳達現代傳播科技的普世意義。各國彼此之間雖摩擦不斷，但關係也變得更親密。人類正尋找一種更平等互利的交流方式，共同創造財富，實踐正義。由於主客觀條件，英語正發展為全世界實質上共通的語言，英國的強勢傳媒儘管無可避免地偏袒大英帝國，但亦逐漸成為世人了解世界動態的窗口。其中，《倫敦新聞畫報》（*The Illustrated London News*）圖文並茂，無疑是最受喜愛、最具影響力的報紙，它不僅詳盡記載了十九世紀後半葉的人類史，其存在本身亦可視為人類文明的象徵。

至於該報對當時中國事物的即時報導，經常比落後封閉的中國自己，來得快，也來得詳實。基於英國本身的利益，它對中國的偏見，我們早已能辨識，並一笑置之。不過，它在人類傳播史的作用和角色，尤其是在提升國民智識以及健全國家文化體系上，今天的我們仍有理由探討和學習。

前言
近代中國的反光鏡

徐家寧

觀看世界的渴望

　　一八四二年，赫伯特‧英格拉姆（Herbert Ingram，1811-1860）在倫敦創辦了一家以插畫（Illustrations）為主體的雜誌，名為《倫敦新聞畫報》（*The Illustrated London News*），這是世界上第一份以圖畫為內容主體的週刊。雜誌的內容包括對英國及國際上重大事件的跟蹤報導，科學、技術的最新發展及成果，娛樂演藝方面的資訊，甚至最新的服裝款式。圖畫的刊載方式，在它創辦的前五十年，是以細膩生動的密線木刻版畫為主，這種在當時已經十分成熟的藝術形式，在相當長的一段時間裡極好地滿足了讀者「觀看」世界的渴望。因此，自創刊之日起，這份形式新穎、價格低廉的雜誌就大受歡迎，銷量一度達到英國發行量最大的日報《泰晤士報》的三倍，從普通民眾到維多利亞女王都是它忠實的讀者。

　　十九世紀九○年代以後，由於印刷技術的發展，照片逐漸取代插畫成為報刊上新聞圖片的主體。到第一次世界大戰之後，這家以「插畫」為名的週刊已不再刊登傳統的木刻或石刻版畫，它的輝煌也隨著時代的變遷逐漸成為歷史。第二次世界大戰期間，它位於倫敦的辦公室在轟炸中遭到破壞，雜誌的售價也因紙張匱乏而上漲。雖然在戰後的五○年代，這份雜誌依然保持著它老牌新聞畫報的口碑和地位，見證了

諸如英國節（Festival of Britain，1951年）、英王喬治六世的葬禮及伊莉莎白二世加冕（1953年）等重大事件。但到了六〇年代初，英國報刊業激烈的競爭以及電視新媒體的興起，使得《倫敦新聞畫報》開始面臨嚴重的財務危機，發行量也減少到五萬份，只是一八六三年它最高峰時的六分之一。一九七一年這家經營了一百三十年的週刊改爲月刊，一九八九年改爲雙月刊，後再改爲季刊，到二〇〇三年則完全停止出版。

在《倫敦新聞畫報》出版發行的一百六十一年裡，這個世界經歷了從蒸汽時代到信息社會的巨大轉變，世界的格局和人們對世界的認知都發生了天翻地覆的變化。作爲一個記錄者，《倫敦新聞畫報》一直在捕捉那些終將成爲歷史的場景和事件，將這些當時的新聞、將來的歷史，通過圖畫的方式拓印下來。雖然在通信與傳媒的發展中，一份雜誌所能提供的只是觀察世界的一個視角，但在它充滿開創性的十九世紀中後期，在圖像尚未作爲主要傳播方式的年代，它藉由圖畫提供的視角，就顯得獨到而珍貴了。

十九世紀最迅速的新聞

十九世紀的英國擁有廣闊的殖民地和遍及全球的商業利益，誕生於此時的《倫敦新聞畫報》，從創刊之日起，就注重報導發生在世界各地的重大事件，尤其是與本國相關或參與的事件——儘管由於通信和印刷技術的限制，它所報導的「新聞」至少都是幾個星期以前的事了。在整個十九世紀，中國這個古老的東方帝國一直是英國人在商業、外交以至戰爭中決意攻取的對象，隨後更多權益的取得，讓《倫敦新聞畫報》持續不斷地關注中國。一八四二年該刊創刊時，正值第一次鴉片戰爭結束後《南京條約》簽訂，對中國來說這是向列強妥協的條約時代的開始，對英國來說則是一場重大的勝利。《倫敦新聞畫報》報導了這一事件，陸續刊登了道光皇帝的肖像（畫家憑想像繪製）、廣州的防禦工事、條約口岸的城市風光等多幅插畫，此後如第二次鴉片戰爭、甲午戰爭、庚子事變，也都有大量報導。在這些重大事件之外，中國的風俗民情、自然風光也通過插畫的形式介紹給西方的讀者。

從一八四二年創刊到二十世紀初年，也就是照片可以清晰並廉價地印製到紙上之前，版畫是《倫敦新聞畫報》刊登新聞圖片的主要方式。一八九五年以前，主要採用以線條疏密表現明暗的密線木刻版畫，之後色彩豐富的石版畫一度成爲主流。不論以何種方式進行刊印，作爲一份新聞畫報，它向讀者傳遞的資訊始終豐富，而承載這些資訊的圖畫，因技術和時代的進步、尤其是西方與中國相互瞭解的加深，變得

越來越精確。對比早期插畫裡中國人的形象和後期對中國官員容貌精準的刻劃，這種進步清晰可見。

西方特派畫家在中國

在《倫敦新聞畫報》創刊的早期，並沒有在中國派駐專門的畫家兼記者，這段時期刊出的有關中國的圖畫，一些來自前代畫家對中國的描繪，一些來自記者、通訊員或官員的速寫，還有一些是對中國藝術作品的臨摹或發揮。西方繪畫透視的特點，使建築、服飾、自然風光等題材中的中國元素得到充分展示，很多圖畫至今還可以為建築或民俗的研究者提供詳實的參考。不過，早期出現在畫面中的中國人形象常常並不準確，時而過於簡化，時而帶有西方人的面部特徵。五〇年代以後，特派畫家（Special Artist）的啓用讓這種狀況大爲改善。雖然當時的英國讀者可能並不在意這種技術上的偏差，但專業畫家的出現，確實從總體上提升了插畫的品質，內容更豐富，涉及面更寬，表現力也大爲加強了。

特派畫家的派遣可視爲對中國的關注逐漸增加的明證。一八五六年第二次鴉片戰爭爆發後，作爲參戰的一方，《倫敦新聞畫報》專門開闢了「對華戰爭」的專欄，並派遣查理斯‧沃格曼（Charles Wirgman，1832-1891）作爲「本刊特派畫家兼通訊員」前往中國。沃格曼繪製了很多以戰爭爲題材的畫作，同時也繪製了很多表現中國社會生活的作品，作爲對戰爭所在的這片遙遠的東方土地的註解。一八七二年，同治皇帝的婚禮被《倫敦新聞畫報》視作一個大事件，爲此特派當時著名的畫家兼記者威廉‧辛普森（William Simpson，1823-1899）遠赴中國進行報導。甲午戰爭時，派往中國的卡頓‧伍德維爾（R.Caton Woodville Jr.，1856-1927）是英國著名的戰地畫家，在這場戰爭中英國並不是直接的交戰方，但通過他的畫筆，戰爭中的很多場景被傳遞回英國，生動地呈現給英國的讀者。

新聞與藝術的結合

這些擁有高超繪畫技巧的特派畫家，同時也都是訓練有素的新聞採集者。他們對所見所感的中國內容的把握，以及對中國文化諸多方面較深層次的挖掘，讓這份雜誌上有關中國的內容呈現出更豐富、更鮮活的面貌。戰爭一直是最重要的新聞題材，《倫敦新聞畫報》上中國內容的集中出現，往往都跟隨某次戰爭、衝突或政治事件。對這些題材的深度表達，使得圖畫不僅要提供認知，更要成爲一種敘事的手段。對此，這些畫家們表現出極高的專業素質。他們會截取最有代表性的場景，搜集更多的細節，再以嫻熟的手法進行生動的描繪。在這個過程中，有時難免會注入畫家兼記者本人對

事件的立場，但除去少部分在特定時代精神下進行的藝術渲
染，多數時候他們的作品都可以看作是對事件的直觀描述。
這種描述所包含的具體的內容，與通過其他方式記錄下來的
資料，可以相互印證。在那些不涉及衝突和利益關係的題材
上，比如中國的文化、風俗、器物、地理狀況，畫家們更是
持有博物學家般的嚴謹，力圖為讀者奉上真正有價值的資
料，隨著時間的推移，那個時代的遠去，他們搜集的這些資
料的價值愈加明顯了。

在這些技藝高超的特派畫家之外，攝影術的廣泛使用，
從更大程度上提升了以版畫形式呈現給讀者的畫面的真實
性。以照片為藍本製作的插畫從一八五〇年代開始偶有出
現，到後期逐漸成為風光、建築等靜態內容的主要製作方
式，對一些重大事件的報導也都採用現場照片複製或加工而
成。得益於照相機對人物、場景快速準確的捕捉，這一類插
畫展示出更加豐富的內容，豐富到有時很難把它當成是畫
作，而只能看成是在印刷技術尚未成熟以前，一種不太完善
的照片轉印手段。攝影師與版畫藝術家的完美合作，讓遙遠
的中國以更為精準的形象呈現在讀者面前。隨著攝影師在中
國活動範圍的擴展，倫敦的版畫藝術家們開始用他們鋒利的
刻刀雕琢更為細膩的內容，人物的表情、服飾的花紋、建築
的細節，都極力還原。很多插畫現在還能看到它的照片藍

本。一般來說，對風光照片的複製都是十分忠實於原作的；
以人物為主體的照片在被製成版畫時，常常會對人物以外的
元素簡略處理或者作一些改動，但無損照片及插畫本身的主
題。那些由人物和場景共同組成的敘事性的照片，在被轉製
成版畫時細節充分保留，所承載的資訊與原作別無二致。

攝影發明之前的圖像世界

不過，受限於尚處於發展中的攝影技術，至少在進入二
十世紀以前，照片對動態場景的記錄能力，還不及一個技藝
嫻熟的畫家的速寫。所以，很多時候照片是作為參考，為畫
家提供背景資料。在描繪戰爭、貿易活動等人物眾多、敘事
性強的場景時，畫家對場面的把握和一定程度的藝術創作，
填補了攝影在這一時代的缺陷。作為一種圖像的記錄，這些
插畫所保存的，可能並非照片那樣精確定格的瞬間，而是一
些片段的抽取和彙集，它不一定分毫不差地在某個時空裡出
現過，但它可能更接近親歷者的體驗，因而也是一份可供參
考的陳述。

不論插畫的來源是素描、水彩還是攝影師拍攝的照片，
所有這些圖畫想要傳遞的資訊，都是在當下或過去某個時
間，遙遠的中國發生了什麼事，並多方面闡釋「中國」這一
名詞的定義。對於今天的人們來說，這些圖畫依然傳遞著大

量的資訊，今天的人們與十九世紀中國的距離同樣遙遠，經由這些圖畫，人們可以回看當時中國的形與神，或者從一些新的角度完善關於近代中國的定義。

大英帝國的視角

西方與中國在近代的交往波折不斷，戰爭和衝突是一個避不開的主題。《倫敦新聞畫報》上關於中英之間以及中國捲入的其他爭端的報導，占據了有關中國的頭條的大多數。站在參與者或旁觀者的立場，這份週刊用圖畫的方式，做出了自己的闡述。中國人所畏懼的船堅炮利，在那些表現不列顛軍隊無畏精神的畫作中，肆意張揚。在另一些圖畫中，中國軍隊也擁有不容小覷的氣勢。這或許能為當時的西方人如何看待中國提供一個傾向正面的旁證，至少對於中國在尋求自強道路上的努力，報導本身就是一種贊許的態度。

紛繁複雜的中國社會也是一個極具吸引力的主題。十九世紀以後，以西方的研究方法及技術手段對中國進行的探集、分析，不僅為當時意圖在東方擴張其勢力的政府和組織提供了大量必需的資料，也帶動了純學術的東方風潮。同時貿易的繁榮、航行時間的縮短以及眾多旅行日記的出版，也激起了普通民眾對東方世界的好奇心。在此基礎上進行的所有對中國的研究和探索，都力求從更新、更專業、甚至以前所未見的角度介紹中國。這些關於中國的記錄和解讀，涉及自然地理、社會結構、文化傳統等方方面面，在今天看來不乏失真和謬誤之處；但總體來說，這些基於在西方社會已有一定基礎的現代地理、社會、經濟等學科的觀察，超越了中國人自身在長期的文化傳統下形成的固有的視角。作為一面來自外部的反光鏡，尤其照亮了那些中國人自己習以為常因而不曾深究的部分。而這樣的暗角在中國傳統的史志等各種文獻記載裡，是廣泛存在的。

感性的回味與理性的反思

對中國各種民俗的觀察可以作為一個很有代表性的範例。很多讓當時的外國人感到新奇的風俗習慣、民間活動，在經過這一百多年巨大的社會變革後，已經難以還原了。在新的時代裡，我們並不需要恢復所有的舊傳統，我們只是需要記住並歸納這些傳統，因為它們是我們文化的一部分。在這一點上，西方人有時能提供比我們自己的記憶和傳承更為詳實的資料，尤其當這種資料以圖像的方式保存下來的時候。作為報刊史上最有影響力的畫報之一，《倫敦新聞畫報》所刊登的有關中國的圖畫，一方面代表了某個時代背景下西方人對中國的理解，一方面也是對某一時期中國人浸淫其中卻少有感知的時代氣息的捕捉，它所包含的內容，較之當年

的英國讀者，於今天的我們有更深的意義。

　　此外，假如我們換一種方式，以一份刊物的主觀視角來觀察它所服務的讀者，那麼東西方對待新知的態度也能略窺一二。從早期《倫敦新聞畫報》有關中國內容的刊載日期來看，基本上在重大事件發生之後兩個月左右，相關的圖畫新聞就能傳遞到英國讀者的手中。在環遊地球八十天被當作傳奇的時代，這已經是一個相當驚人的速度。加上緊隨它出現的各種畫報對歐洲大陸及美國的逐漸覆蓋，使得西方讀者從十九世紀四五〇年代開始，就能通過圖像的方式直觀地獲取各種最新的資訊。這些資訊來自世界各地，並隨著刊物的逐期發行被打上時間的標籤，於是讀者在腦海裡搭建起的世界，就是一個隨時間線不斷變化的多維的世界，而變化帶來的不確定性，成為追尋新知的巨大動力。再看同一時期中國人對外部世界的瞭解，即使到清末洋務、新學興起時，也只限於少量專門書籍在知識階層的傳播，而當時的知識份子，多是憂於形勢，希望以「西學為用」，解決種種緊要問題。於是對西方世界有限的探究就成為一個點對點的過程，少有發散，因而影響有限。《倫敦新聞畫報》在中國的流傳在它自己的報導中就能找到證據，但是語言的天然障礙，加上當時中國的眼界尚不夠開闊，使得它在作為正當其時的新聞刊物漂洋過海來到中國時，難以發揮它「圖說世界」的功能，

倒是在一個世紀以後，作為歷史資料，回過頭來向我們講述中國。

　　今天的讀者能從百餘年前的《倫敦新聞畫報》中，看到多少別樣的內容，取決於他對那個時代瞭解的深度和角度。此次呈獻給讀者的一百張圖片，是由《倫敦新聞畫報》上涉及中國的繪畫精選而來，　大部份是單頁全版，少數是雙頁全版，其畫工與刻工都異常精美。這些圖畫的時間跨度從一八五〇至一九一〇年代，涵括的重大歷史事件包括第二次鴉片戰爭、太平天國、甲午戰爭、李鴻章出國考察、義和團運動、日俄戰爭等。在這些左右了近代中國歷史軌跡的大事件之外，普通人的生活也是一個時代不可分割的組成部分，對傳統的固守和革新更是近代中國最顯著的標籤。這些珍貴歷史圖畫的彙集，足以展示一個時代大致面貌，更期望能為百餘年後的今天，提供感性的回味以及理性的反思視角。

中國史畫100幅

《倫敦新聞畫報》1854～1912

太平天國事件

一八五四年一月七日，《倫敦新聞畫報》木刻版畫。
原圖說：中國的軍事調遣。

描述剿滅太平天國的木刻版畫──「剿滅粵匪圖」。
咸豐三年二月（1853年3月），迅速崛起的太平天國定
都南京，改稱天京。拱衛南京的鎮江和揚州一度成為
兩軍的爭奪之地，這幅版畫即反映清軍在鎮江和揚州
抵抗太平軍的情景，但實際上不久以後這兩城即為太
平軍所占。太平軍發跡於兩廣，故亦稱「粵匪」，這
幅「剿滅粵匪圖」原作係中國畫家的一幅套色木版畫，
《倫敦新聞畫報》的畫師將其專製成銅版畫發表，人物
形象沒有太大變化，因西方畫師不識漢字，文字轉刻
時失真。右下角反映江蘇巡撫撫院楊大人（應為楊文
定，此役後署兩廣總督）坐守鎮江，派兵擊退太平軍
的情景，清軍配備了巨大的抬槍，中間部分反映太平
軍放火焚燒了金山寺；左上角是「逃往」揚州的太平
軍亦遭到清軍的狙擊。

英軍炮擊廣州城

一八五七年三月十四日,《倫敦新聞畫報》木刻版畫。
原圖說:廣州及近郊,繪於交戰期間。

在英軍砲擊下,廣州城中大火。「亞羅號」事件後,英
國駐廣州領事巴夏禮決定報復。一八五六年十月,英
國海軍攻占虎門砲臺,砲擊廣州城,轟塌了一段城
牆。廣東巡撫葉名琛拒絕和英國人談判,並關閉了廣
州海關,停頓的貿易進一步惹怒了英國人,再次砲擊
所燃起的大火吞噬了十三行和附近的民居。這幅版畫
即是英軍砲擊下燃起大火的廣州城,畫面的右側即珠
江,中間的小島即海珠礁。

增援的英國軍艦（一）

一八五七年三月二十八日，《倫敦新聞畫報》木刻版畫。
原圖說：增援的英國艦隊正駛往中國。

廣東巡撫葉名琛對英國人「不戰不和不守，不降不死
不走」的態度把中英矛盾推向高潮，本來就堅持對中
國持強硬立場的巴麥尊在一八五七年二月末重新當選
英國首相後，首先向中國增派了艦隊，想要給清朝皇
帝一些教訓。畫面上的這些軍艦從左至右分別是皇家
海軍「狂怒號」（H. M. S. Furious）、「空前號」（H. M. S.
Sans Pareil）、「中轉號」（H. M. S. Transit）、「報應號」
（H. M. S. Retribution）、「香農號」（H. M. S. Shannon）
和「喜馬拉雅號」（H. M. S. Himalaya）。英國海軍擁有
當時世界上最強大的海軍，從畫面上看都已經是蒸汽
動力，而古老的中國，當時尚沒有現代意義上的海
軍。

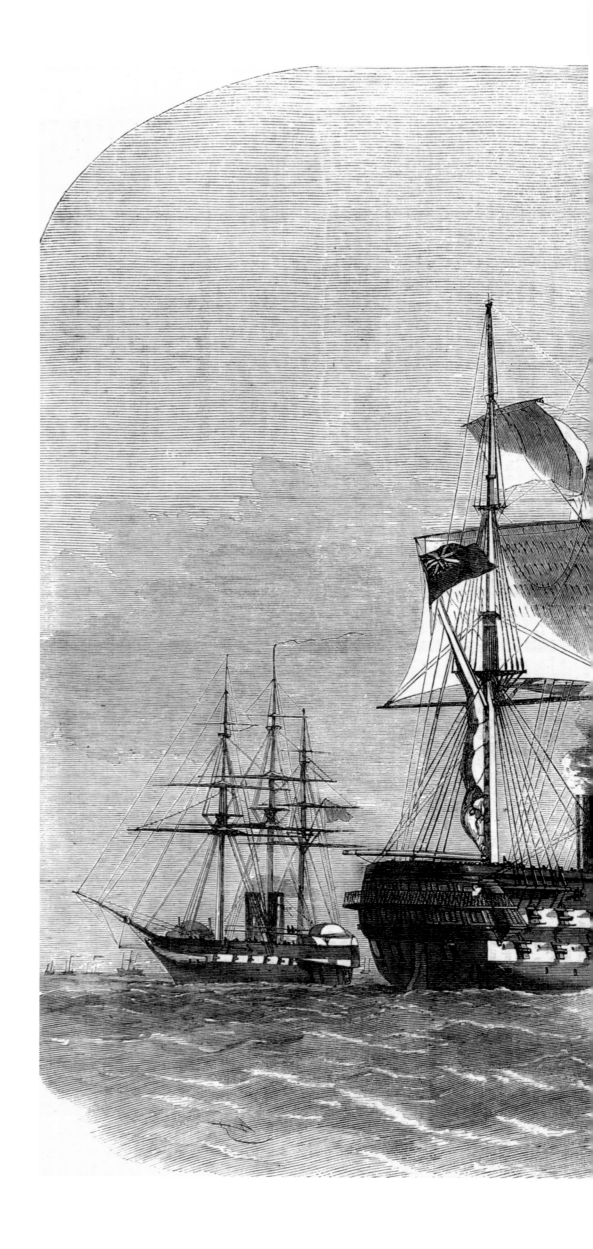

增援的英國軍艦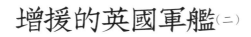（二）

一八五七年四月十八日，《倫敦新聞畫報》木刻版畫。
原圖說：樸資茅斯港，即將前往中國的皇家海軍護衛
艦「狂怒號」及砲艦組成的護衛艦隊。

為擴大英國的在華利益，作為當時世界上最強大的海
軍，英國海軍陸續向中國派出近兩百艘軍艦和補給
船。在畫家的筆下是和風浪抗爭的「英勇」的皇家海
軍，而不是將要發生的不義的戰爭。

SMYTH SC

英軍在廣州遇襲

一八五八年三月六日,《倫敦新聞畫報》木刻版畫。

原圖說:中國的戰事──「巴特勃號」在珠江的西路段遭襲。

一八五七年十二月十四日,皮姆中尉帶著十四名手下乘「巴特勃號」在廣州城西的珠江岸登陸,試圖搜集清軍的情報,正要返回時被當地居民發現,雙方發生激烈的戰鬥,死傷慘重。十五日,英艦對這一地區砲擊以報復,並有兩百五十人的部隊登陸,燒毀部分房屋。

廣州的貿易

一八五八年三月二十二日，《倫敦新聞畫報》彩色石印版畫。原圖說：出售英國商品，廣州。

一個外國商人在廣州街頭兜售英國的布料和帽子，儘管他大聲地吆喝，但感興趣的中國人寥寥無幾。中國的茶葉和絲綢在歐洲有著巨大的市場，而歐洲生產的鐘錶、工藝品等卻在中國很難推廣，只有皇家或少數社會上層的菁英才會購買。中國人口眾多，看似是個有著巨大潛力的市場，實際上普通民眾基本上不會在這些洋貨上有直接的消費。然而，這張版畫的發表也預示著中國和外國之間貿易狀態的轉變，第二次鴉片戰爭之後，更不平等的貿易協定被簽署，中國的白銀源源不斷流向歐洲，換回來的是一箱箱的鴉片。

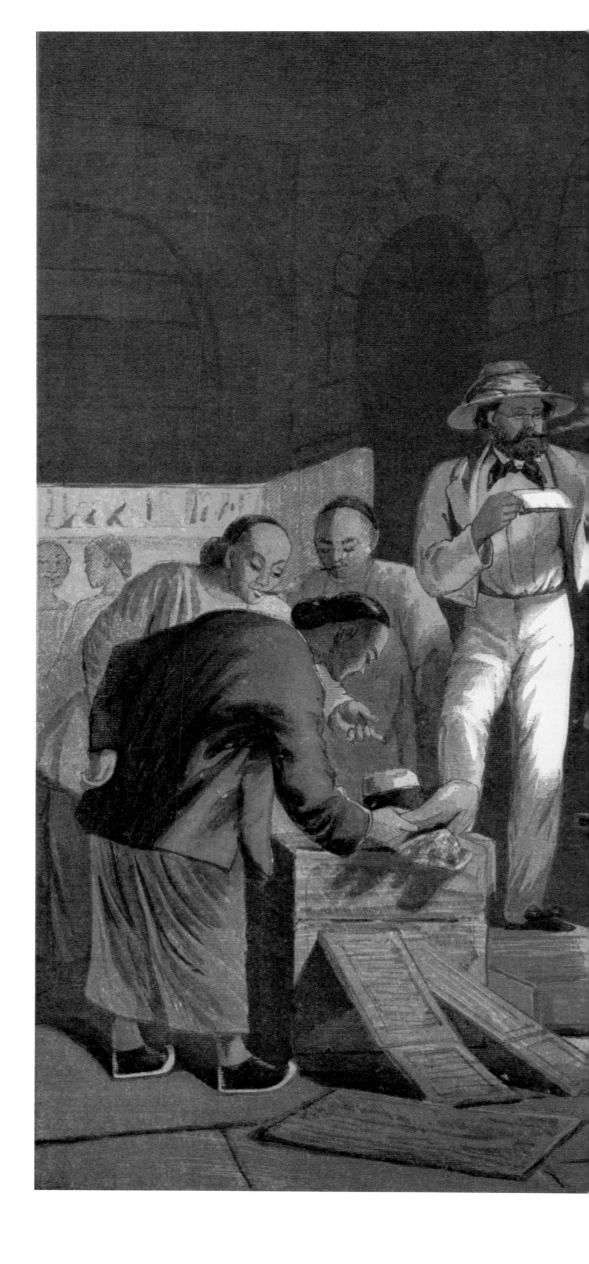

中國及廣州的地圖

一八五八年七月二十四日，《倫敦新聞畫報》木刻版畫。原圖說：中國及廣州地圖。

在鴉片戰爭發生之前，英國已經準備了詳細的中國地圖，而大清帝國卻對敵人知之甚少，如此不對等的資訊，是失敗的重要原因之一。

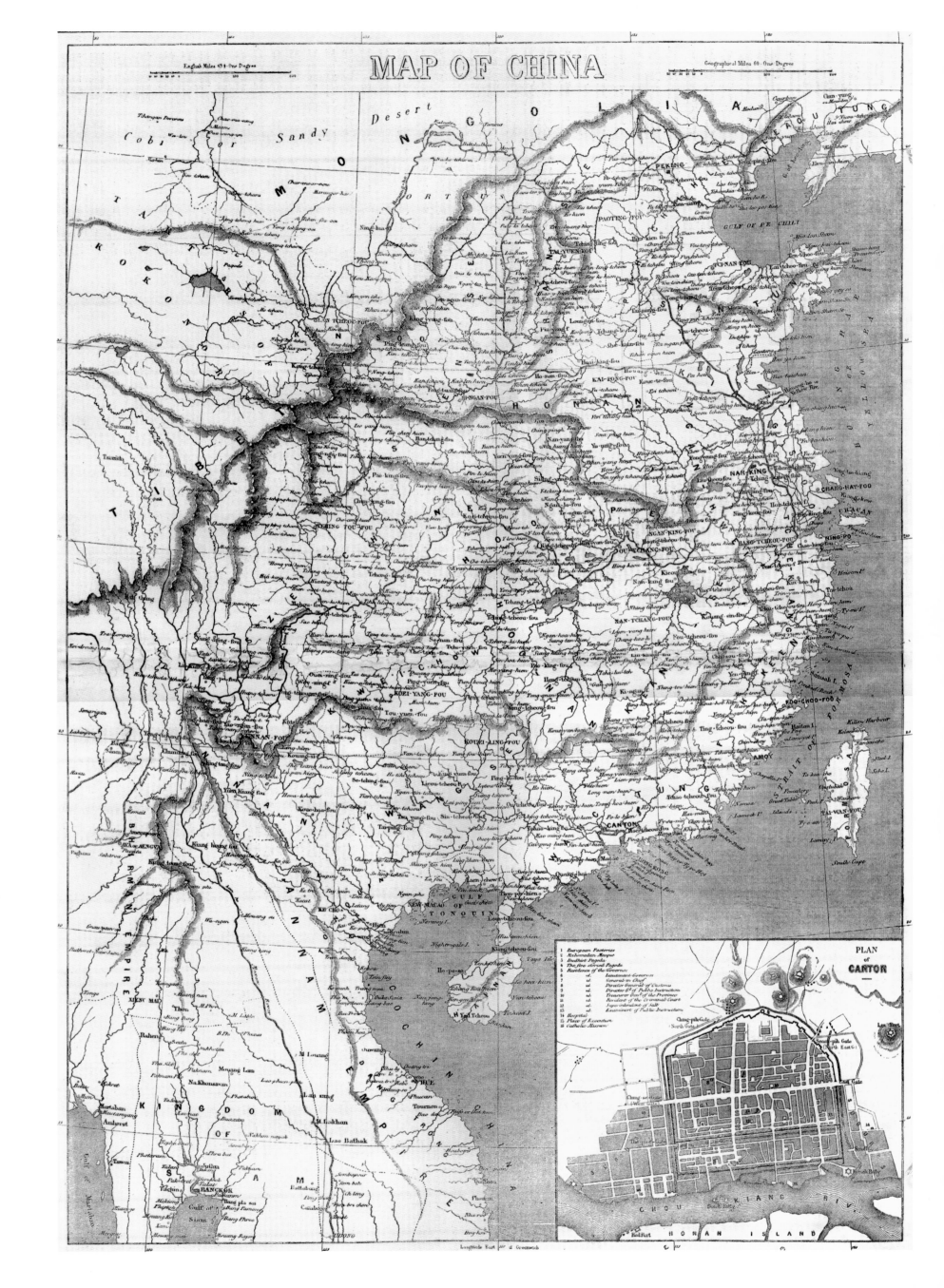

MAP OF CHINA

簽訂《天津條約》

一八五八年十月二十二日,《倫敦新聞畫報》木刻版畫。原圖說:一八五八年六月二十六日,中英《天津條約》簽字現場。

一八五八年四月,英、法、美、俄四國使節先後來到大沽口外,照會清政府派大員談判,否則將進犯京城。堅持避見「西夷」的咸豐皇帝派出直隸總督譚延襄幹旋,結果處處碰壁。五月十八日,英、法兩方(美、俄兩國專使均無軍隊隨同)決議武力攻占大沽,進入天津,再前往北京。二十日向清政府發出最後通牒後,僅經兩個多小時的戰鬥即攻占了大沽砲臺。二十六日英、法聯軍進入天津。三十日,聯軍再次要求清政府派出全權大臣來津談判。六月一日,東閣大學士桂良、吏部尚書花沙納被委以「便宜大臣」前往天津談判。六月二十六日,在英方「非特無可商量,即一字也不容改」的要求下,中英雙方在天津海光寺內簽署了天津條約。這幅版畫即畫師對簽字場景的記錄,左坐者是桂良、中坐者額爾金、右坐者花沙納,坐在花沙納旁邊的是時任英國駐東印度和中國區艦隊司令西摩爾(Admiral M. Seymour)。

英軍運送傷患

一八五八年十月二十八日,《倫敦新聞畫報》木刻版畫。原圖說:在香港的傷病員登上「廣州號」汽船。

從英倫島國遠來的軍隊,歷經海上的風浪,最終抵達香港,多數人並不能適應這裡濕熱的氣候,極易感染疾病,這些「幸運」的士兵不必冒著槍林彈雨,可以在香港登船,轉去印度療養。清代軍隊不像英、法等國有專門的「軍醫」配置,且以往主要是冷兵器的創傷,要麼包紮即可,要麼只能準備後事。直到清末仿製西法編練的新軍才配有專門的軍醫。

廣州海幢寺（36頁圖）

一八五八年十二月十一日，《倫敦新聞畫報》木刻版畫。原圖說：來自廣州的速寫——廣州海幢寺的方丈正在拜祭——由我們的特派畫家兼通訊員繪製。

《倫敦新聞畫報》在中國派駐了專職的畫家兼記者，他們會通過繪畫的方式向英國介紹中國的風土人情和新聞事件。「身穿紅色袈裟的住持跪在佛像前，他旁邊的四個和尚托著準備敬獻的食物……」，這位記者和他一位朋友有幸參觀了廣州的海幢寺，在那裡從早上七點半一直到下午四點，不僅觀看了一次祭拜活動，住持還熱情地招待了他們茶和茶點。這位記者的速寫非常仔細，甚至對他們來說非常困難的對聯上的漢字也被模仿下來，雖然寫的不好看，但至少是可以識別的。

太平軍與英軍交火

一八五九年四月二日，《倫敦新聞畫報》木刻版畫。原圖說：南京的太平叛軍隊向「庇護號」砲艦開火。

按照原圖所配文字的註解，這是「天京」（今南京）的太平軍在向英國艦隊開砲。儘管太平天國在建立之初的外交政策就不成功，英法等國倒向支持清政府，但是在現存史籍裡似乎並沒有太平軍和北上的英法聯軍在戰場上正面接觸的記載，此圖所涉歷史場景猶待考證。

中國人的葬禮

一八五九年九月十七日,《倫敦新聞畫報》木刻版畫。
原圖說:一八五九年,中國的風俗——香港的一次葬
禮。

這幅版畫是記者用素描的方式記錄了香港的一次葬
禮。街坊鄰居們都在圍觀,逝者的家人披麻戴孝繞著
棺材走動,後面的十幾個案板上放置著各種吃食,這
位記者認為是敬神的,但實際上在中國很多地方,如
果是喜喪,就要辦酒席慶祝,這些食物是招待出席喪
禮的賓客之用。圍觀的人群中還有不少外國人,圖畫
下方還有一個戴眼鏡的外國男子試圖接觸一位拿傘的
中國婦女,而這位婦女有些驚慌,想要離開。

Ditch

Ditch

Mud

Dry at low water

Mud

2

8

7

10

9

12

16

11

15

6

5

1

3

4

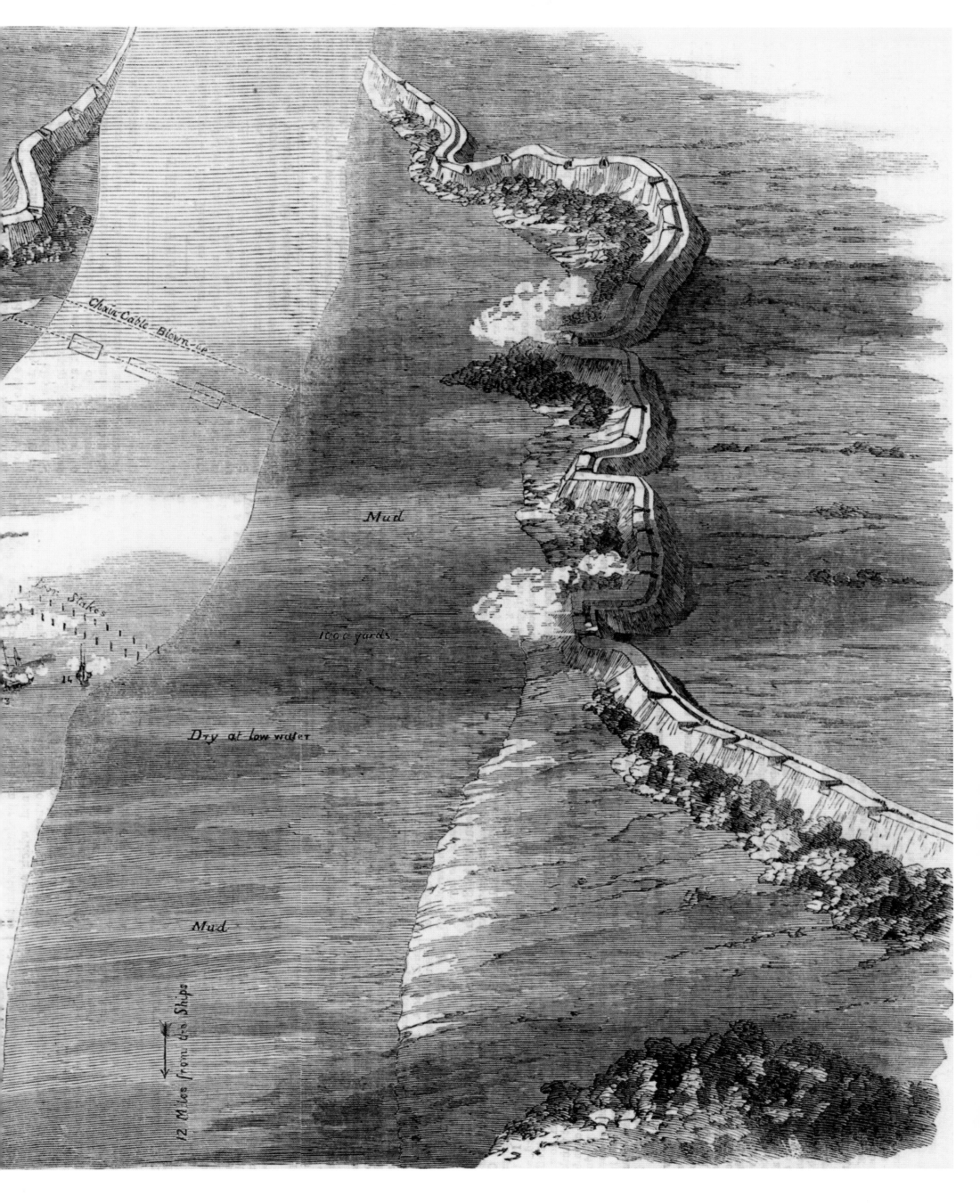

清軍在大沽的防禦圖 （42頁圖）

一八五九年九月二十四日,《倫敦新聞畫報》木刻版畫。原圖說:聯軍攻打白河口的中國防禦工事。

為了阻止英、法等國大使走水路往北京換約,統管京津軍務的僧格林沁在大沽的白河口布下層層防禦。白河的入海口地形複雜,兩岸多是泥灘,陸軍無法行進,岸兩側築有多處砲臺,砲臺外側遍布削尖的木椿;河道中靠近河口處有兩排鐵椿,再往裡有沉船和鐵鏈。吃水較深的英法大型砲艦無法通過,只有吃水淺的幾艘小型艦隻破壞了鐵椿向內河挺進。一八五九年六月二十五日,被阻在河道內的聯軍艦隊和岸上的清軍砲臺發生激烈交火,最終英、法砲艦共有三艘被擊沉,三艘重創。這幅版畫即發生戰鬥時的形勢圖,上面詳細標註了中方的防禦措施和英、法、美三國軍艦的位置及名稱。

英軍的野餐會

一八六〇年六月二十三日,《倫敦新聞畫報》木刻版畫。原圖說:第四十四步兵團的軍樂隊在尖沙咀的營區裡演奏——由我們派駐香港的特派畫家繪製。

五月份在大沽遭遇慘敗的英法聯軍重新集結兵力,英國七十九艘軍艦,一百二十六艘運輸船,兩萬名陸軍,法國軍艦四十艘,七千六百名陸軍相繼開赴,攻克舟山、大連和煙臺,並以其為基地和中轉站,準備向中國宣戰。儘管前線戰事即將爆發,但是從這張版畫上看,似乎留守香港尖沙咀營地等待增援命令的英軍士兵們,正在組織一次野餐會,不僅有軍樂隊演奏,還有女士們前來參觀,很是悠閒。

香港的錫克騎兵

一八六〇年十月六日,《倫敦新聞畫報》木刻版畫。

原圖說:錫克騎兵在香港九龍的營地:第一錫克騎兵
團和第十九槍騎兵團——來自我們派往中國的特派畫
家的速寫。

英國在十九世紀殖民印度期間,招募了大量錫克人加
入軍隊。錫克人向來驍勇善戰,其組成的騎兵團是英
軍當時陸軍的菁英部隊,特別是配備快槍的槍騎兵,
在第二次鴉片戰爭中重創了清帝國的蒙古騎兵。

英法聯軍集結大連

一八六〇年十月十三日，《倫敦新聞畫報》木刻版畫。
原圖說：中國的戰事——錫克騎兵和部隊在奧丁灣胡
克利碼頭出發前往白河。

英法聯軍的艦隊從廣州北上，先占領了大連灣和煙
臺，控制了渤海灣，以此為基地準備向大沽進軍。大
沽位於白河的出海口，溯白河而上即可直抵北京。

英軍由大連灣出發

一八六〇年十月二十七日,《倫敦新聞畫報》木刻版畫。原圖說:中國的戰事——載著第十九槍騎兵團的「毀滅號」砲艦正從大連灣前往北塘——來自我們的特派畫家C.沃格曼的速寫。

隸屬印度陸軍的第十九槍騎兵團又稱Fane's Horse,是第二次鴉片戰爭中的英軍主力,曾參與八里橋戰役,現在這支部隊的建制仍在,不過隸屬於巴基斯坦陸軍。

北塘的印度步兵團

一八六〇年十月二十七日,《倫敦新聞畫報》木刻版畫。原圖說:中國的戰事——駐紮在北塘的第十五印度步兵團帳篷內——來自我們的特派畫家沃格曼的速寫。

儘管遭到北塘守衛清軍的有力抵抗,但是有備而來的聯軍最終攻下北塘,並以此為基地準備向大沽挺進。戰爭間隙使得這些士兵似乎很悠閒,有的在看報紙,有的在看家書,抽著雪茄,旁邊還有忠誠的印度僕人服侍,甚至成箱的陳年白蘭地都被作為凳子散放在桌旁。

關鍵的八里橋戰役

一八六〇年十二月二十二日,《倫敦新聞畫報》,木刻版畫。原圖說:法國軍隊進攻八里橋,北京城外八英里處——來自我們派往中國的特派畫家的速寫。

八里位於通州城西,是通往北京的咽喉重地。在英法聯軍攻陷通州後,僧格林沁組織重兵在這裡抵擋聯軍的進攻。這張版畫是畫師根據英軍的隨軍攝影師費利茨‧比托拍攝的照片加以想像繪製的。原照片中並沒有戰鬥的情景。

北京城淪於西人之手

一八六一年一月五日,《倫敦新聞畫報》木刻版畫。

原圖說:十月二十四日,額爾金伯爵進入北京城,簽署大不列顛與中國之間的條約——我們的特派畫家在通往內城的安定門上繪製了這幅速寫。

這張圖註明是根據《倫敦新聞畫報》特派畫師的作品製作,但是顯然不實。畫中右側遠處的景山方向不對,從北往南應該能看到五座亭子,左側遠處不應該有高大的建築,且安定門內大街也不似畫中那樣寬敞。

中國人送來賠款

一八六一年一月二十五日，《倫敦新聞畫報》木刻版畫。原圖說：中國人正往英國司令部運送三十萬兩白銀賠款，作為被釋放的人質和被害人質家屬的賠償。

一八六〇年九月十四日，前往北京換約的巴夏禮一行三十九人被僧格林沁扣押，後被羈押在圓明園中。十月八日、十二日、十四日三次共釋放了十九人，另有二十人死在獄中。這也成為英法聯軍焚燒圓明園的口實之一。戰爭結束後，清政府向這些人質中的倖存者及被害者家屬賠償三十萬兩白銀，這幅版畫中描述的即向英軍總部運送賠償金的場景。

老北京的市井生活

一八六一年二月十六日,《倫敦新聞畫報》木刻版畫。
原圖說:北京的街景,滿是新奇。

儘管咸豐皇帝出逃、圓明園被焚、京城被洋人占領,
但是這一切似乎對百姓的生活沒有太大影響,畫中北
京繁華的商業街道仍舊萬頭攢動,摩肩接踵,只是多
了些金髮碧眼的洋人,京城的百姓似乎也習慣了他們
的存在。

北京街頭茶坊

一八六一年二月二十三日，《倫敦新聞畫報》木刻版畫。原圖說：北京的街頭茶坊——來自我們的特派畫家的速寫。

據文字描述，這幅版畫是根據《倫敦新聞畫報》特派通訊員的一幅素描繪製的，應是對當時北京茶館的客觀描寫。門前支著的長杆上掛著茶館特有的招牌，房簷伸出的雕刻精美的支架上掛著寫有茶葉名的木牌。人們坐在茶館前一邊喝茶，一邊吸煙暢談。

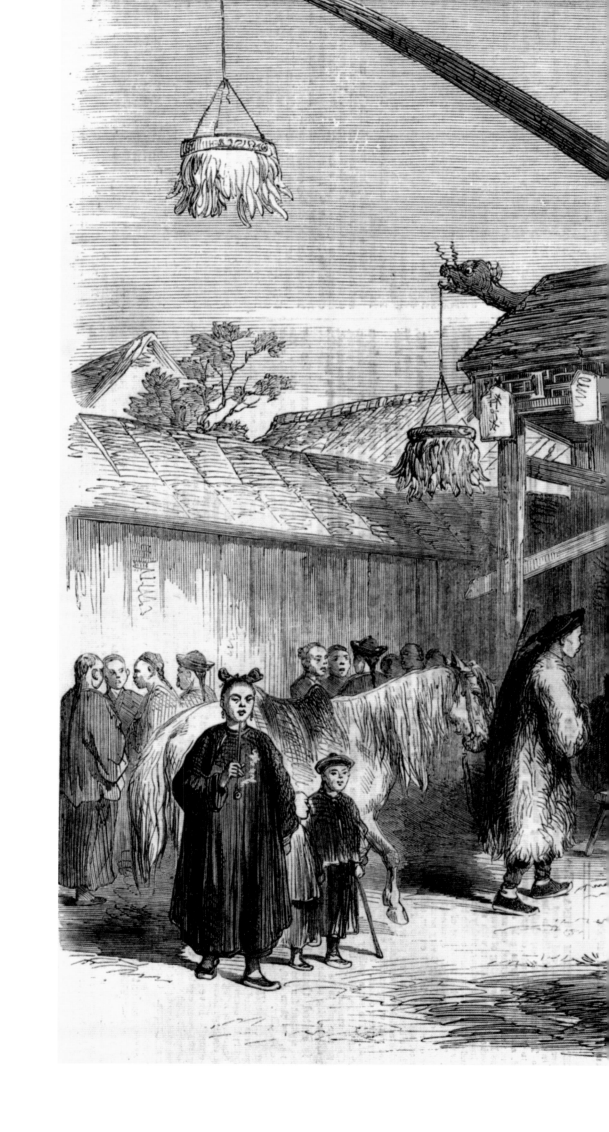

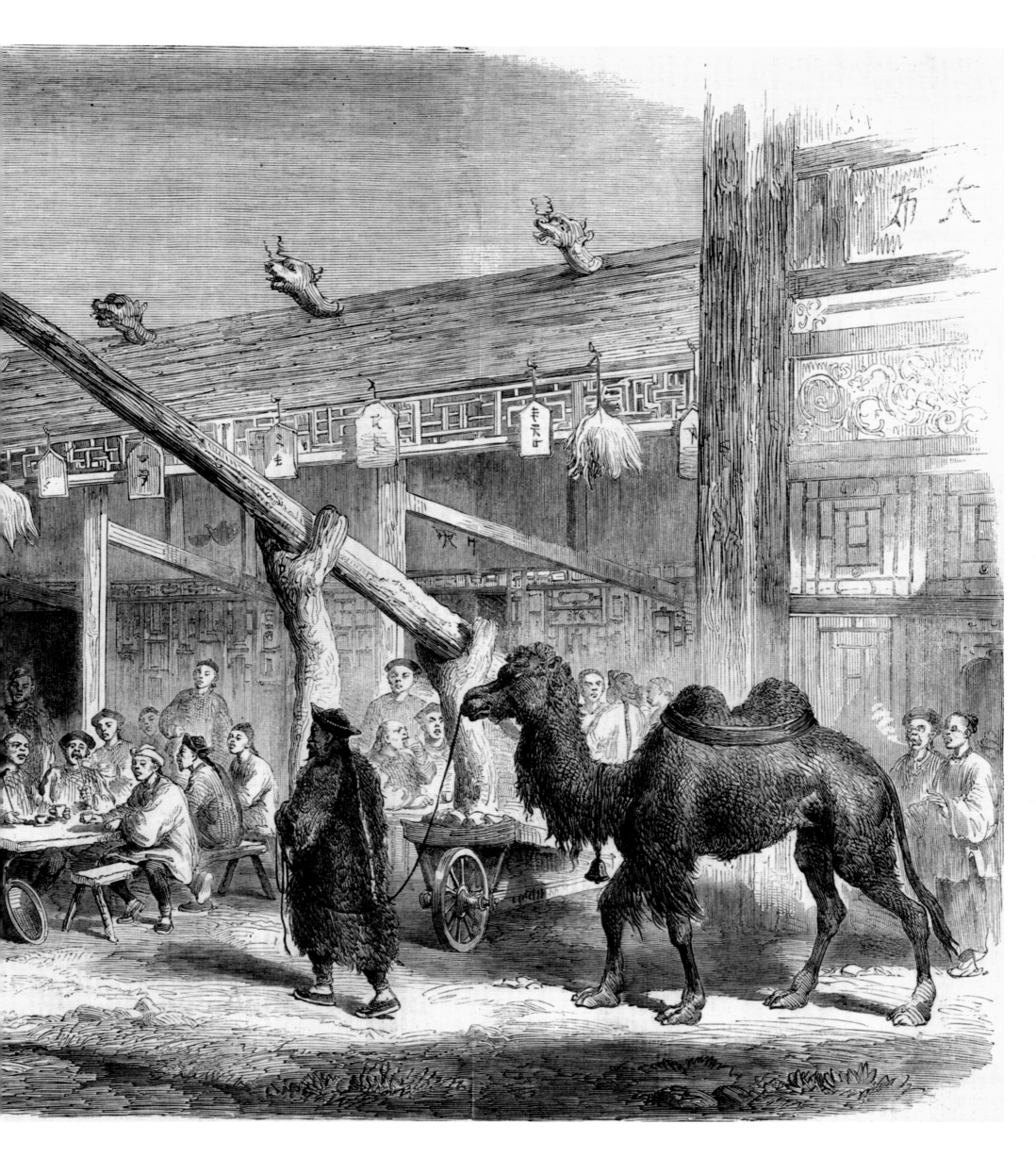

英軍協助攻打太平軍

一八六三年二月七日,《倫敦新聞畫報》木刻版畫。

原圖說:中國的內戰。帝國的遠征軍由英國軍官率領,正前往奉化,皇家海軍「對抗號」和「施芬克斯號」正向東門砲擊。

一八六二年九月,太平天國梯王練業坤再克奉化縣城,並試圖進攻寧波。寧波一向是南方的富庶之地,英法等國在此也有重要的商業利益。因此英國艦隊和李鴻章從上海派出的「常勝軍」、寧波本地的「常安軍」、「常捷軍」以及部分清軍組成聯合部隊攻打奉化。是役最終失敗,英軍亦多有死傷。這幅版畫描述的即是英軍砲轟奉化城東門時的情景。

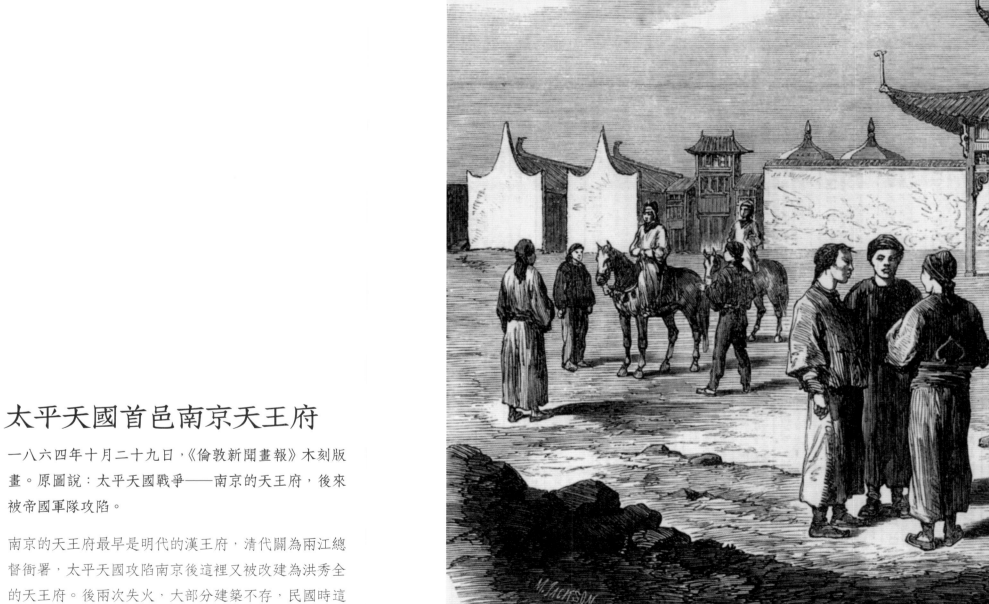

太平天國首邑南京天王府

一八六四年十月二十九日,《倫敦新聞畫報》木刻版
畫。原圖說:太平天國戰爭——南京的天王府,後來
被帝國軍隊攻陷。

南京的天王府最早是明代的漢王府,清代闢為兩江總
督衙署,太平天國攻陷南京後這裡又被改建為洪秀全
的天王府。後兩次失火,大部分建築不存,民國時這
裡又被作為南京總統府。版畫上的天王府大門正是未
被清軍破壞前的面貌。

南京明孝陵

一八六四年十一月二十六日,《倫敦新聞畫報》木刻版畫。原圖說:南京的明代孝陵。

南京明孝陵是明朝開國皇帝朱元璋和皇后馬氏的合葬墓,位於鐘山南麓。明孝陵規模龐大,其神道兩旁豎立著均由整塊石頭雕刻的十六對神獸和翁仲。這些雕刻精美、體型巨大的石雕像多少年來一直吸引著眾多中外遊客。畫中的明孝陵已經在太平天國運動中遭到嚴重破壞,碑亭等建築已經沒了屋頂,空餘磚石四壁。

明孝陵的神道

一八六五年二月十八日，《倫敦新聞畫報》木刻版畫。
原圖說：南京的明代皇陵。

儘管南京明孝陵的地上建築已經多半毀於征討太平天
國的戰火，但是神道兩旁高大、精美的翁仲仍然吸引
著中外的遊客。畫面中還能看到一對撐傘的情侶正在
遊玩。

繁華的北京城 （72頁圖）

一八六六年三月十日,《倫敦新聞畫報》木刻版畫。

原圖說：來自希爾德波蘭特的畫作「北京的環形街道」,原作正在蓓爾美爾街五十三號展出。

這幅版畫源自德國畫家愛德華‧希爾德波蘭特(Edward Hildebrant,1818-1869),從一八六〇到一八六二年間他曾進行過一次環球旅行,包括中亞、印度、新加坡、暹羅、澳門、香港、中國、日本和美國,並在各地創作了水彩畫,一八六六年首次在英國展覽,一八六八年又在英國的水晶宮展覽,引起轟動。畫面中的街道上萬頭攢動、商舖林立,店家門前掛著各式各樣的招牌幌子,熱鬧非常。

中國人的婚禮

一八六八年八月八日,《倫敦新聞畫報》木刻版畫。

原圖說：上海的一個中式婚禮。

這張版畫是根據英國軍艦「西維亞」號上的海軍測量員帕爾默的一幅素描轉刻而成。帕爾默在上海停留期間,收到當地一位商行買辦的邀請,參加了一場當地人的婚禮。除了素描,他還詳細記述了這次「異國」婚禮的過程,連同這幅畫一同刊登在《倫敦新聞畫報》上。

蒲安臣使團

一八六八年十月三日，《倫敦新聞畫報》木刻版畫。
原圖說：中國大使蒲安臣與使團成員在一起。

鴉片戰爭後，清政府模糊地認識到需要讓各國增加對中國的瞭解。一八六七年底，剛卸任的美國駐華大使蒲安臣被任命為「辦理各國中外交涉事務大臣」，出訪美歐等國，期望藉一個對中國抱以同情心的外國人，代表中國政府和他國交涉。孫家谷和志剛被任命為副大臣，英國人柏卓安和法國人德善分別被任為左、右協理。這張版畫是根據使團成員在英國拍攝的照片刻繪的。

長江風光

一八七〇年五月二十八日,《倫敦新聞畫報》木刻版畫。原圖說:長江上游風光。

一八六九年的三月至五月,英國軍艦「西維亞」號沿長江進入中國內陸,對長江三峽進行了測繪。這幾幅版畫都是根據「西維亞」號上的測繪員帕爾默的素描刻製。

壯麗的三峽（80頁圖）

一八七〇年七月十六日，《倫敦新聞畫報》木刻版畫。
原圖說：長江上游的宜昌峽。

在中國眾多的沿海城市成為開放口岸之後，內陸成為
吸引更多外國探險者的新熱點，他們一般都是從上海
至南京，再從南京溯長江而上，最遠可以抵達重慶。
借助藝術家們精湛的技藝，百多年前壯美的三峽風光
躍然紙上。

同治皇帝的婚禮

一八七二年十二月二十一日，《倫敦新聞畫報》木刻版
畫。原圖說：皇帝大婚，皇后家的大門。來自我們的
特派畫家的速寫。

一八七二年十月十六日，是同治皇帝大婚的日子，按
照清政府給駐京各國大使的照會，要求各位公使禁止
本國的公民上街觀看婚禮儀式。《倫敦新聞畫報》的特
派通訊員辛普森並沒有把這個通知太當回事，他早早
就進行了策畫，與幾位朋友及嚮導躲在一家婚禮隊伍
必經的鴉片館內，偷窺了整個的婚禮隊伍行進的過
程，並寫下一篇詳細且「驚心動魄」的文章配合這幾
幅版畫刊登在《倫敦新聞畫報》上。這張版畫上是裝
飾一新的皇后家宅大門，位於東堂子胡同內。

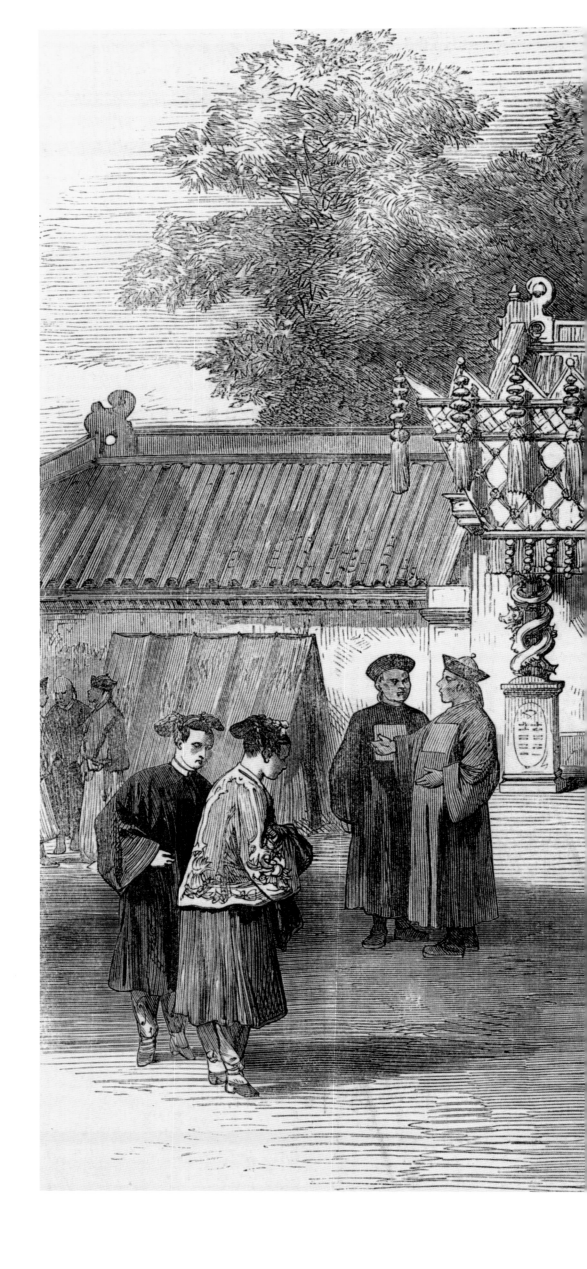

各地送來的賀禮

一八七二年十二月二十八日,《倫敦新聞畫報》木刻版畫。原圖說:中國的皇室婚禮,正在抬送皇后的嫁妝。

各地為同治大婚送來的賀禮和皇后的嫁妝都是在白天運送的,杠夫們抬著各式各樣的禮品走在被黃土鋪墊過的大路上,兩邊都有八旗兵丁嚴密把守。

皇后被送入宮中

一八七二年十二月二十八日，《倫敦新聞畫報》木刻版畫。原圖說：中國的皇室婚禮，午夜的迎親隊伍。

婚禮隊伍的行進安排是有嚴格的時間控制的，必須在子時結束前將皇后送入宮中，因此婚禮隊伍在天黑後就出發了。版畫中的杠夫正抬著皇后的金冊，兩邊是護衛的官員，由專人提著燈籠。

迎接皇后的儀仗隊

一八七二年十二月二十八日,《倫敦新聞畫報》木刻版畫。原圖說:中國的皇室婚禮:前往迎接皇后的儀仗隊伍。

迎親的隊伍正從皇宮前往皇后家,根據辛普森的描述,這些杠夫都穿著紅色外衣,上面裝飾著白色的圓點。畫面中隊伍最前面舉的是繡有龍鳳圖案的各色旌旗,後面是三重華蓋,再後面跟著給皇后乘坐的花轎。

恭親王騎馬帶隊

一八七二年十二月二十八日,《倫敦新聞畫報》木刻版畫。原圖說:中國的皇室婚禮:皇后在半夜被送入皇宮中。

迎親的隊伍正從皇宮前往皇后家,根據辛普森的描根據辛普森的描述,畫中隊伍前面騎馬的是恭親王,而本來十六抬的皇后大轎被畫師畫成了三十二抬,多出來的十六個人本來應該是隨時準備替換的杠夫,也被加入到了抬轎子的行列中。皇后轎旁持香的官員曾被辛普森誤認為是一個滑稽的角色,後來他才得知那是一位「欽天監監正」,他所持的香是用來計算婚禮隊伍行進的速度,以保證在正確的時刻將新娘送入宮中。

正陽門北望（92頁圖）

一八七三年一月四日，《倫敦新聞畫報》木刻版畫。原圖說：中國的皇室婚禮：北京的皇宮。

按照清代的規制，皇后嫁入皇宮，必須要從大清門正中的門洞中穿過。這幅版畫即在正陽門城樓上所見的棋盤街和裝飾一新的大清門，遠處就是紫禁城。

中國畫師的描繪

一八七三年一月四日，《倫敦新聞畫報》木刻版畫。原圖說：中式婚禮的儀仗構成，由中國畫家繪製。

根據文字描述，這是一位中國畫家繪製的平民婚禮的儀仗構成，由《倫敦新聞畫報》的畫師轉刻為版畫。

中國傳統的體現

一八七三年一月四日,《倫敦新聞畫報》木刻版畫。
原圖說:中式婚禮的儀仗構成,由中國畫家繪製。

這些傳統的婚禮儀仗儘管繁複,卻是中國傳統文化的
重要體現,這種形式一直延續到民國時期。現在隨著
社會的進步,人們正逐漸找拾被遺忘多年的傳統文化
形式,這種傳統的中式婚禮正在悄然興起,為更多的
年輕人所接受。

中國苦力運煤 (98頁圖)

一八七三年一月十八日，《倫敦新聞畫報》木刻版畫。

原圖說：我們的特派畫家在中國的見聞：香港的中國
苦力正在往汽船上運煤。

這是《倫敦新聞畫報》的特約通訊員在香港碼頭見到
的一幕，中國苦力們穿著僅能遮羞的衣物，正向一艘
汽船裝運煤炭，燈火將他們映在船身上的影子拉長，
不遠處的桅杆下坐著外國水手。

通往長城的南口

一八七三年一月十八日，《倫敦新聞畫報》木刻版畫。

原圖說：我們的特派畫家在中國：南口——通往長城
的關隘。

南口是通往長城的必經之路，這裡地形險惡，道路崎
嶇，外國人通常騎馬或者乘坐騾轎前往。畫中坐在騾
轎裡的外國婦人正好奇的向外張望，遠處背景是蜿蜒
的八達嶺長城。

八達嶺長城（102頁圖）

一八七三年二月一日，《倫敦新聞畫報》木刻版畫。
原圖說：長城，由我們的特派畫家繪製。

八達嶺長城一直是明清時護衛京城最重要的關隘，其關城建於明弘治十八年（1505年），是南北交通要道，自古以來就是歷代兵家必爭之地。畫中的八達嶺關城已經破敗不堪，失去了軍事作用。畫中左側的關城上刻有石碑「北門鎖鑰」，右側的關城上刻有石碑「居庸外鎮」。

明十三陵

一八七三年二月八日，《倫敦新聞畫報》木刻版畫。
原圖說：北京郊外，通往帝陵的神道。

十三陵之長陵是永樂皇帝之墓，墓前神路兩旁立有石像生十八對。這些石像生同南京明孝陵的一樣，都是由一塊石頭雕刻而成，體型巨大。畫中兩個外國人遊覽長陵的時候，天空烏雲密布，似乎一場豪雨將要發生，其中的一人的馬匹不知是因為雷聲還是受到陵區肅殺氣氛的感染，受驚而將主人摔落。

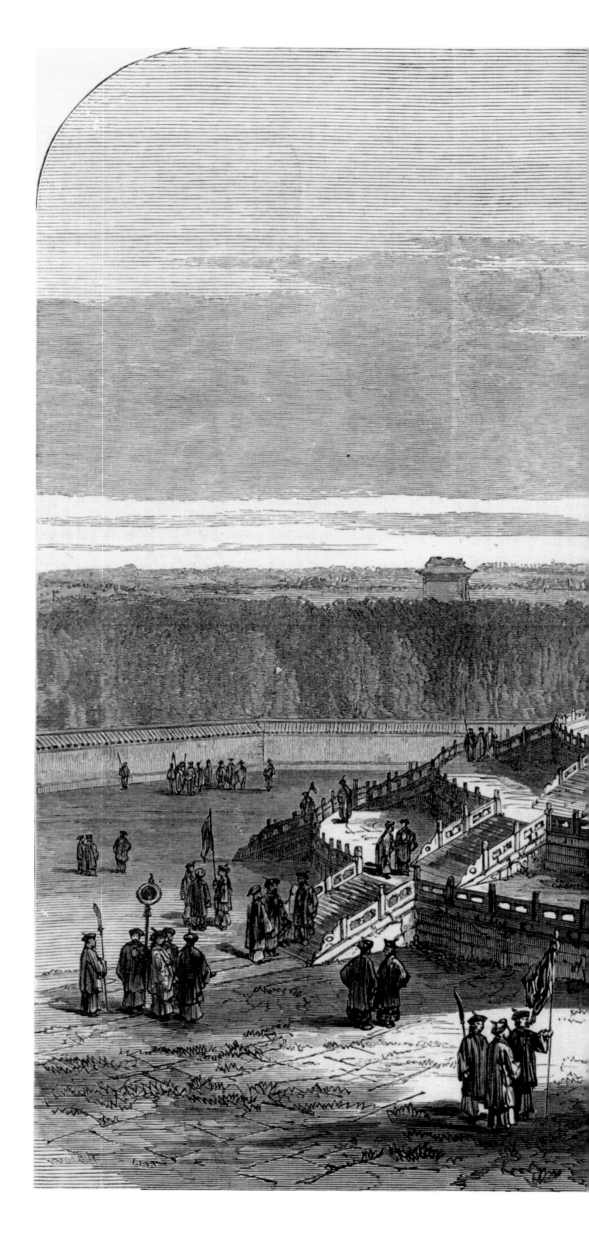

同治皇帝祭天

一八七三年二月二十二日，《倫敦新聞畫報》木刻版畫。原圖說：北京，天壇的北壇。

一八七二年十二月二十日，《倫敦新聞畫報》的特派通訊員辛普森和其他五名外國人從天壇圍牆的一個洞裡偷偷溜了進去，因為第二天同治皇帝要在這裡舉行每年最重要的祭天儀式。《倫敦新聞畫報》連續刊登了多幅此次祭天儀式的版畫，都是根據辛普森及他同伴的回憶繪製的。

莊重的祭天儀式

一八七三年二月二十二日，《倫敦新聞畫報》木刻版
畫。原圖說：天壇。

皇帝祭天儀式在清代是非常重要的事件，每年需要舉
行三次，分別是冬至祭天於圜丘、孟春祈穀於祈年
殿、孟夏常雩祭天於圜丘。一八七二年十二月二十日
正值冬至，同治皇帝在圜丘舉行祭天儀式。圜丘上面
已經搭設了帳篷，五供的基座已經就位，華蓋下的同
治皇帝正準備進行祭拜。

北京的蒙學男校

一八七三年三月一日,《倫敦新聞畫報》木刻版畫。
原圖說:北京的一所男校——來自我們的特派畫家。

畫中是北京的一所蒙學男校,孩子們正在背書。這個
場景來自《倫敦新聞畫報》特約通訊員的一幅素描,
想必是真實情景的如實反映,仔細觀察會發現柱子上
掛著的中國地圖和牆上掛著的世界地圖。班上只有男
孩,那個時候的中國不提倡女性受教育,只有教會組
織的學校才有女學生。

上海馬術越野賽

一八七三年四月十三日,《倫敦新聞畫報》木刻版畫。
原圖說:中國寫真:上海的馬術越野獵狐遊戲。

這是外國人在上海舉行的一次馬術越野賽。一匹馬在
跳躍障礙的時候發生了事故,把騎手摔下了馬,帽子
也滾到了一邊,緊跟在後面的騎手因為躲閃不及馬上
就要栽倒,一臉驚愕。畫家對這驚險的一刻進行了傳
神的描繪。

上海的鄉村生活

一八七三年五月二十四日，《倫敦新聞畫報》木刻版畫。原圖說：中國寫真：上海附近的鄉村。

傳統的農村婦女也是家庭的重要勞動力，她們不僅要看護孩子、照顧家庭，還要做紡線織布等工作。

同治皇帝接見使臣

一八七三年九月二十七日，《倫敦新聞畫報》木刻版畫。原圖說：中國皇帝在北京接見外國使臣。

同治皇帝在宮中接見幾位前來中國赴任的外國使臣。這些外國人沒有行跪拜禮，這在乾隆時期、甚至道光時期都是不可想像的。

華工在三藩市登岸

一八七六年四月二十九日,《倫敦新聞畫報》木刻版畫。原圖說:美國汽船「阿拉斯加號」上的中國移民,他們正前往三藩市。

為修建太平洋鐵路,大批華工奔赴三藩市,他們以為那裡「遍地黃金」,實際上等待他們的是危險而且辛苦的工作。儘管如此,華工不畏辛苦,日夜工作,震驚美國社會。

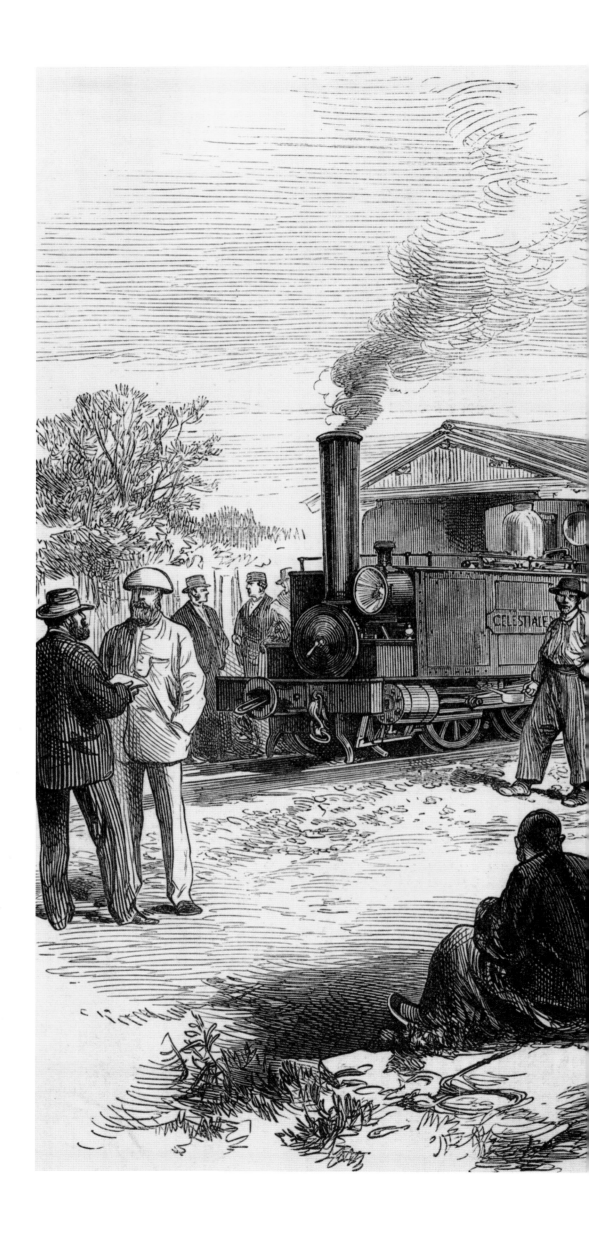

中國第一條鐵路

一八七六年九月二日,《倫敦新聞畫報》木刻版畫。
原圖說:中國第一條鐵路通車:第一列火車從上海開出。

一八七六年七月,怡和洋行未經清政府批准,在上海修建了中國第一條營運鐵路——淞滬線(吳淞至上海),全程十五公里。後來清政府花費二十八萬兩白銀將其贖回並拆除。

上海的獨輪車

一八七六年十月二十八日，《倫敦新聞畫報》木刻版畫。原圖說：上海的獨輪車。

這是一張根據威廉·桑德斯所拍攝的照片繪製的圖畫，只是背景做了變化。畫師對照片中的人物進行了唯妙唯肖的還原，甚至衣褶和圖案都遵循原作。

中國的剃頭店

一八七六年十二月二日，《倫敦新聞畫報》木刻版畫。
原圖說：中國的流動理髮店。

這幅畫同樣是根據威廉·桑德斯拍攝的一張照片繪製的，表現的是當時上海的一家剃頭店，版畫家甚至將對他們來說極為複雜的漢字「剃頭店」三個字也作了精準的還原。

巴黎世博會的中國館

一八七八年六月十五日，《倫敦新聞畫報》木刻版畫。
原圖說：巴黎世界博覽會，戰神廣場上的中國展館。

一八七八年的世博會又一次出現了中國人的身影，這一次展示的重點依然是瓷器、絲綢和茶葉，不過這些商品對外國人總是很有吸引力。畫面中的外國人正高興的和中國商人談生意。

看布告

一八七八年十一月十六日,《倫敦新聞畫報》木刻版
畫。原圖說:中國的一則布告。

布告是舊時政府發布資訊的主要管道。畫面上人們正
在爭著看最新的布告,周邊有個人甚至被擠倒了。

街頭的算命先生

一八七九年四月二十六日,《倫敦新聞畫報》木刻版
畫。原圖說:中國的一位算命先生。

這也是一幅以照片為藍本的圖畫。原作是一幅反映街
頭算命先生的室內影像作品,負責刊刻的版畫師通過
對背景的再設計,把室內的這一幕又還原到了街頭。

北洋海軍新艦

一八七九年八月十六日,《倫敦新聞畫報》木刻版畫。
原圖說:「埃普西隆號」,英國為中國建造的新型鋼殼
砲艦。

為組建北洋海軍,清政府從英國訂製了一批軍艦,畫
中即正駛往中國的「埃普西隆號」砲艦,加入北洋海
軍後更名為「鎮東號」,後在甲午戰爭中為日軍所虜。

江南機械局生產槍枝

一八八三年七月七日，《倫敦新聞畫報》木刻版畫。
原圖說：法國商人要求中國人檢查、打包江南機器局
生產的來福槍。

江南機器局由曾國藩於一八六五年成立，是洋務運動
中重要的軍事武器生產機構，主要生產來福槍、火砲
及彈藥。畫中的法國商人似乎十分謹慎，要求中國工
人嚴格檢查江南機器局生產的這批槍枝。

洋人指導生產大砲（136頁圖）

一八八三年七月二十八日，《倫敦新聞畫報》木刻版畫。原圖說：中國的戰備：江南機器局的工人在鑄造大砲。

江南機器局成立之初是以上海的美國旗記鐵廠為基礎，後來又添設了一批來自美國的機器設備，是當時國內最先進的兵工廠。畫中工人們似乎正在鑄造砲管，洋人教習在一旁指揮和監督。

北方的古道（138頁圖）

一八八三年九月十五日，《倫敦新聞畫報》木刻版畫。原圖說：遊歷北中國：北方的一條簡易道路。

儘管這是一條崎嶇不平的簡易道路，卻是北京往北出關的重要商道。從北邊來的毛皮、山貨裝在駱駝的背上正準備進京，出關的貨物也裝上馬車正艱難前行。

外國鴉片由上海入口

一八八三年十二月八日，《倫敦新聞畫報》木刻版畫。原圖說：上海的一艘鴉片船上。

上海在取代廣州成為中國最大的貿易港口後，占其比例最大的進口商品就是鴉片。大型的貨船停靠在黃浦江中，鴉片的交易都是在這大船中進行。《倫敦新聞畫報》以圖畫的形式報導了這一航髒的交易。

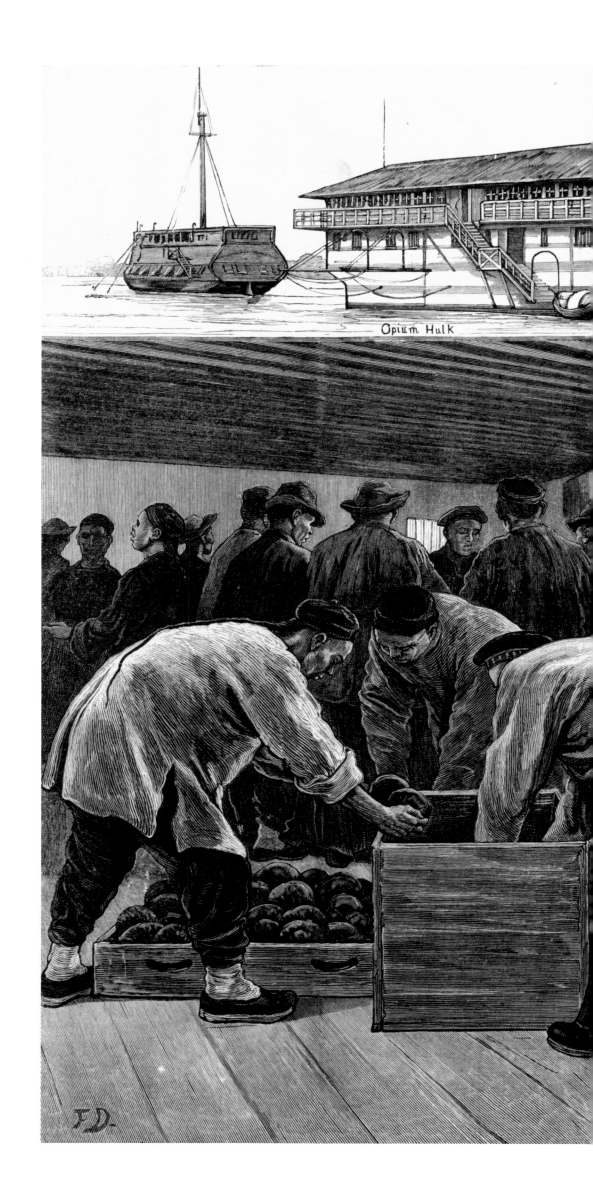

Packing.

福州古城的風光

一八八四年八月三十日，《倫敦新聞畫報》木刻版畫。
原圖說：中法戰爭：從英國使館遠望福州城。

清末福州城的閩江南岸是外國人的聚居地，這張插畫
描繪的是英國領館遠眺福州城的景色，中間的小島是
中洲島，遠處即福州城，畫中還能看到連接中洲島和
江北岸的萬年橋。

福州鼓山寺

一八八四年九月六日,《倫敦新聞畫報》木刻版畫。

原圖說:福州鼓山寺大門前的和尚。

這裡所說的「鼓山的寺院」即鼓山湧泉寺,是福州最重要的寺廟之一。這年八月中法戰爭的戰火蔓延至福建一帶,福州遭到砲擊,主要集中在福州船政局。

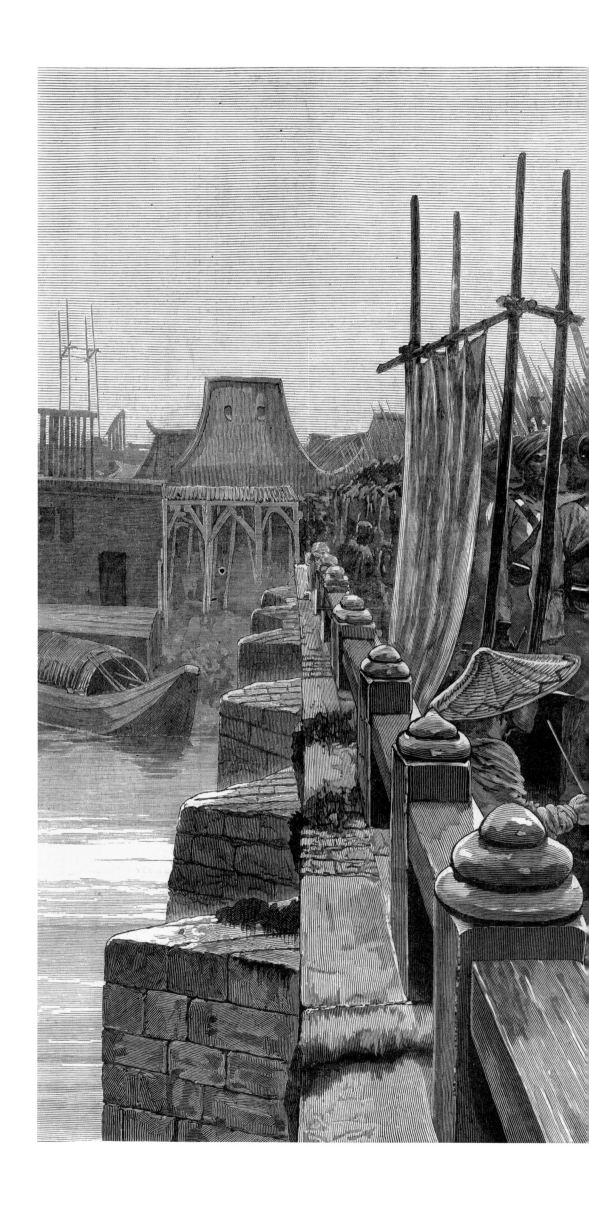

中國軍隊集結福州

一八八四年九月六日，《倫敦新聞畫報》木刻版畫。
原圖說：中法戰爭，士兵們正通過福州的萬年橋。

這幅畫表現了中法戰爭爆發後，清政府軍隊正在福州
集結。萬年橋位於福州城南門外，跨閩江抵達河南，
今已不存。此圖繪製期間正值中法戰爭，雙方在馬尾
港外爆發海戰，中國陸軍馳援福州，使得法軍放棄登
陸福州的行動。

工作中的赫德爵士

一八九一年九月十九日,《倫敦新聞畫報》木刻版畫。
原圖說:中國海關的總辦赫德爵士在他北京的辦公室
內。

赫德爵士一八五四年來華,最初只是一名翻譯,一八
六四年起擔任中國海關的總稅務司,一九○八年退休
回國時依然保留總稅務司的頭銜,一九一一年去世。
他主持中國海關近半個世紀,對晚清中國的政治、經
濟和外交有重大影響。

甲午戰爭中國徵兵

一八九四年八月十一日，《倫敦新聞畫報》水彩畫絲網印刷。原圖說：東亞的戰爭：新徵召來的士兵正在登船。

突然爆發的中日甲午戰爭凸顯了清政府軍隊的虛弱，各地開始突擊徵兵，在沒有接受任何訓練的情況下即被運往前線。

R. Caton Woodville.

戰鬥中的淮軍 （152頁圖）

一八九四年九月八日，《倫敦新聞畫報》水彩畫絲網印刷。原圖說：中日戰爭：李鴻章的歐式重型火砲正在發射。

甲午戰爭中，淮軍成為陸地戰場的主力部隊，他們裝備著新式的武器，但最後仍然無法逃脫戰敗的命運，顯示武器並不是作戰唯一的因素。

中國軍隊趕往前線

一八九四年九月一日，《倫敦新聞畫報》木刻版畫。
原圖說：東亞的戰爭：來自中國內地的非正規部隊在征途中。

在清代，區別於八旗兵丁及綠營等正規軍的非正規軍是指類似湘軍、淮軍的「勇」，是臨時招募來的地方部隊，可以隨時被解散，不過在清末幾次主要戰爭中，他們卻成為最有戰鬥力的主力部隊。甲午戰爭中，中日兩國在朝鮮半島發生激烈的陸戰。

中國官兵戰地紮營

一八九四年九月二十二日，《倫敦新聞畫報》木刻版畫。原圖說：露營的中國將士。

小伍德維爾（R. Caton Woodville Jr.，1856-1927）是英國著名的戰地畫家，作為《倫敦新聞畫報》派駐中國的「特派畫家」，在這場戰爭中英國並不是直接的參戰方，但通過他的畫筆，戰爭中的很多場景被傳遞回英國，生動地呈現給英國的讀者。

北京城外

一八九四年十月二十日，《倫敦新聞畫報》水彩畫絲網
印刷。原圖說：北京城外。

畫面中清軍士兵在北京的城牆外紮營，這是一幅想像
的畫作，城牆和城樓的場景是根據湯瑪斯· 查爾德的
一張照片繪製。

修復中的「鎮遠號」

一八九四年十一月二十四日,《倫敦新聞畫報》水彩畫
絲網印刷。原圖說:中國的鐵甲艦「鎮遠號」在旅順
修復中。

作為北洋海軍的主力,剛經歷海戰的「鎮遠號」鐵甲
艦正在旅順港維修,從煙囪和船體上的彈痕可見與日
本海軍戰鬥的激烈程度。

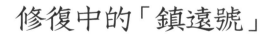

徵兵

一八九三年十一月二十四日，《倫敦新聞畫報》木刻版畫。原圖說：強行徵兵。

這些中國士兵大多數被以老方法，從農村強徵而來，這種強制性的傳統徵兵方式，顯示中國的軍事動員機制缺乏足夠的社會和經濟後盾，比起日本落後。

被俘的中國官兵

一八九五年一月二十六日，《倫敦新聞畫報》水彩畫絲
網印刷。原圖說：中國將士向對手投降。

在小伍德維爾的這幅畫中，被俘的中國官兵被安排在
畫面的正中，並讓觀眾以仰視的角度觀看，周圍倒伏
著戰死的中國士兵和馬匹。儘管中國在甲午戰爭中落
敗，畫家還是通過藝術的手法表現了中國軍隊的英勇
和不屈。

李鴻章覲見英國女王

一八九六年八月十五日，《倫敦新聞畫報》水彩畫絲網
印刷。原圖說：李鴻章閣下在奧斯本覲見英國女王，
向女王陛下轉達中國皇帝的問候。

作為清政府的全權大臣，李鴻章從法國乘船抵達英國
後，首先覲見了維多利亞女皇。畫中的李鴻章戴著花
鏡，向坐在椅子上的女皇表達來自中國的問候。

李鴻章悼念戈登

一八九六年八月十五日,《倫敦新聞畫報》水彩畫絲網
印刷。原圖說:李鴻章閣下在聖保羅大教堂瞻仰戈登
將軍的紀念碑。

太平天國運動期間,統帥常勝軍的戈登和統帥淮軍的
李鴻章是「戰友」,後來戈登調往非洲並成為蘇丹總
督,一八八五年在那裡被殺。李鴻章訪英期間特意去
聖保羅大教堂瞻仰了戈登的紀念碑。

李鴻章拜訪格拉德斯通

一八九六年八月二十二日，《倫敦新聞畫報》水彩畫絲網印刷。原圖說：李鴻章在哈登堡拜訪格拉德斯通先生。

格拉德斯通是英國歷史上著名的政治家，曾經四次擔任首相、四次擔任財政部長。李鴻章到訪之時他已經八十七歲高齡，仍然在上樓梯的時候攙扶著時年七十三歲的李鴻章，成為當時一段外交佳話。

李鴻章觀見英國女王

一八九六年八月十五日，《倫敦新聞畫報》水彩畫絲網印刷。原圖說：李鴻章閣下在奧斯本觀見英國女王，向女王陛下轉達中國皇帝的問候。

作為清政府的全權大臣，李鴻章從法國乘船抵達英國後，首先觀見了維多利亞女皇。畫中的李鴻章戴著花鏡，向坐在椅子上的女皇表達來自中國的問候。

進口的英國商品

一八九六年十月三十一日,《倫敦新聞畫報》水彩畫絲網印刷。原圖說:李鴻章親臨裝船現場,他此次訪英推動了兩國貿易關係的發展,這些英國貨物便是切實證明。

在英國媒體眼中,此次李鴻章對英國的考察大大促進了兩國的貿易交往。從畫中可以看出他買回了雷明頓打字機、維多利亞肥皂和保衛爾牛肉汁。

遠眺煙臺

一八九八年四月二日，《倫敦新聞畫報》水彩畫絲網印刷。原圖說：遠眺貿易口岸煙臺。

煙臺在第二次鴉片戰爭後成為開放口岸，大批外國人前來築屋定居。畫家站在山坡上遠眺芝罘島，港灣裡停滿了漁船，山坡上都是外國人的住宅，山腳下是當地人的房子。

中國人清明節祭祖 （176頁圖）

一八九八年十二月十七日,《倫敦新聞畫報》水彩畫絲
網印刷。原圖說:中國的祖先崇拜。

中國人的祭祖儀式都相當隆重,正如畫中描繪的那
樣,墓前擺滿了香燭和各式各樣的祭品,族人跪在墓
前虔誠地向祖先祈禱。

即墨城西門

一八九九年五月十三日,《倫敦新聞畫報》素描畫絲網
印刷。原圖說:中國現狀:膠州即墨城的西門。

在畫家梅爾頓‧普瑞爾的筆下,繁華的即墨城西門躍
然紙上,農夫、商人、肥大的褲子、城門上破損的牆
磚,每個細節都被畫家再現於紙上。

Western Entrance Gate to Tsimo. Kiaochou.

新牌樓的落成儀式

一九〇〇年七月七日,《倫敦新聞畫報》水彩畫絲網印刷。原圖說:中國人的迷信:關帝廟牌樓前的祈神活動。

中國各地都建有關帝廟,因為他是戰神,是忠義和財富的象徵。畫中一座新的關帝廟落成,人們正聚集在牌樓下放鞭炮慶祝。

義和團民被收編

一九〇〇年七月十四日，《倫敦新聞畫報》水彩畫絲網印刷。原圖說：義和團團民在一個哨站外。

清政府對義和團的態度由剿轉撫，使其成為政府承認的準軍事化組織。畫面中一些義和團成員正在拜見當地官員。

運河上的水閘

一九〇〇年七月二十一日，《倫敦新聞畫報》水彩畫絲網印刷。原圖說：義和團民從內陸向海岸匯集：運河上的船閘。

義和團的活動範圍主要集中在山東、河北、北京一帶，並沒有擴展至南方，更沒有「從內陸向海岸匯集」。畫家筆下運河上的水閘像是寧波一帶，「水閘」實際上是一個傾斜的泥坡，船在閘上由人力拖動。

中國人的茶館

一九〇〇年八月四日，《倫敦新聞畫報》水彩畫絲網印刷。原圖說：中國人的國民休閒：泡茶館。

個男人抽著煙，喝著茶，這悠閒的一幕在中國的茶館內很常見。看這三人的裝束和屋頂的燈籠、繁複的飛罩，應該是廣州、香港一帶。

武裝的「義和團民」

一九○○年八月十八日，《倫敦新聞畫報》水彩畫絲網
印刷。 原圖說：中國戲劇中的演員：一個「義和拳」。

按照畫家的說法，這是一個在戲劇中扮演義和團的演
員，但是根據後面的場景和他的衣著，似乎不像是戲
劇中的情節，應該就是一名普通的清軍士兵。

中國民間強烈的排外情緒

一九〇〇年八月二十五日,《倫敦新聞畫報》水彩畫絲網印刷。原圖說:義和團的宣傳:街頭木偶戲成為反洋宣傳工具。

兩個街頭藝人正通過木偶戲的方式向人們宣傳洋人的惡:一個法師模樣的木偶正舉劍向洋人施法,其中一個洋人已經「倒斃」了,另一個也驚恐萬狀。周圍的觀眾哈哈大笑。

兩宮西巡

一九〇〇年九月十五日，《倫敦新聞畫報》水彩畫絲網
印刷。原圖說：路上的一隊皇家隨從。

聽聞聯軍隊伍逼近北京，兩宮「西巡」，倉皇逃往西
安。畫家用藝術的手法刻劃了此次「西巡」的艱辛，
崎嶇的山地、不整齊的隊伍、以及無精打采的隨從。

八國聯軍的孟加拉騎兵（194頁圖）

一九〇〇年十月十三日，《倫敦新聞畫報》水彩畫絲網印刷。原圖說：聯軍在中國：德國軍隊為孟加拉騎兵的一次衝鋒歡呼。

在八國聯軍向北京挺進途中，英軍中的孟加拉騎兵一直衝鋒在前，他們使用長矛，利用奔馬的速度給敵人致命一擊。小伍德維爾德這幅水彩畫用藝術的手法，表現了這支英國軍隊的英勇，旁邊的德國軍隊都向他們脫帽致敬，這類戰爭畫無疑是在宣揚英國國威。

東交民巷中的激戰（196頁圖）

一九〇〇年十月二十日，《倫敦新聞畫報》水彩畫絲網印刷。原圖說：俄國軍隊在路障後擊退了義和團的進攻。

這張插畫源自賈爾斯拍攝的一張照片，描繪俄國水兵在東交民巷的路障後抵禦義和團的進攻。這張照片不僅被轉製為水彩畫以石印版畫的方式刊印在《倫敦新聞畫報》上，還被轉刻為木版畫刊印在法國的《畫報》上。

八國聯軍在天津

一九〇〇年十一月三日，《倫敦新聞畫報》素描畫絲網印刷。原圖說：中國危機：第一孟加拉騎兵在天津城外發起衝鋒，一九〇〇年八月十九日。

孟加拉騎兵在英國軍隊中是最驍勇善戰的部隊之一，從畫面上看，他們正在天津城外追擊一隊清軍，據畫家寄回英國的信中說，此役俘虜了三十七名中國人，其中十三人是義和團，另有兩百名中國人在戰鬥中被殺。

Fight outside at Tien—Tsin 19th August 19

Schönberg, Tun-Tun
August 1900.

被燒燬的豐台車站

一九〇〇年十一月二十四日,《倫敦新聞畫報》素描畫
絲網印刷。原圖說:隨聯軍前往北京:豐台車站被義
和團和中國軍隊破壞。

為了阻止從天津前來增援的聯軍,清軍與義和團一起
破壞了京津鐵路的黃村車站、馬家堡車站等。特別是
當時作為津蘆鐵路(天津至蘆溝橋)、蘆漢鐵路(蘆溝
橋至漢口)的馬家堡火車站,洋籍員工的宿舍、停放
火車及配件的車場均被付之一炬。

Destruction of the Railway Junction at Fengtai by Boxers; Troops & Stores, this Junction the is now in the hand of the English

中國的火炕

一九○○年十二月一日,《倫敦新聞畫報》水彩畫絲網印刷。原圖說:中國的冬天,一間中國旅店。

火炕是中國北方家庭裡的重要組成,但是隨著時代的進步,使用的火炕的人家已經大大減少。畫家筆下的中國北方旅店中類似上下舖的雙層火炕更是新奇,想必早已絕跡。

風力扒犁

一九〇〇年十二月十五日,《倫敦新聞畫報》水彩畫絲
網印刷。原圖說:大運河上的風力扒犁。

在中國北方,運河是主要的運輸通道,但是到了冬天
會結冰而不能通船。聰明的中國人以風為動力,使用
特製的扒犁在冰凍的河道上運送貨物。

獵捕黑貂

一九〇〇年十二月二十二日,《倫敦新聞畫報》水彩畫
絲網印刷。原圖說：中國北部的森林裡,一隻黑貂被
捕獲。

在中國東北嚴寒的森林裡,粗重的樹幹被一根小木棍
謹慎地架起,木棍上拴著誘餌,黑貂在咬食誘餌的時
候觸發機關,木棍移動,樹幹壓住了黑貂,成了獵人
的獵物。

孟加拉騎兵接受瓦德西檢閱

一九〇一年一月十九日，《倫敦新聞畫報》素描畫絲網印刷。原圖說：孟加拉騎兵在北京的西南門接受瓦德西伯爵的檢閱。

這張由《倫敦新聞畫報》特派北京的畫家約翰‧尚柏格繪製的素描，表現的是聯軍司令瓦德西伯爵在北京城的西南門（可能是宣武門）附近檢閱英國軍隊的孟加拉騎兵的場景。

德國使館內的交談

一九〇一年一月十九日，《倫敦新聞畫報》素描畫絲網
印刷。原圖說：北京，一個由滿漢大臣組成的代表團
正在德國公使館內請求德國大使接見。

一九〇〇年被刺身亡的德國公使克林德，據很多史料
記載都稱他是一個脾氣暴躁的人，對中國並無好感。
他的繼任者穆莫則好相處很多。庚子事變結束後，根
據《辛丑和約》的規定，醇親王載灃被派往德國道歉，
中國官員和德國公使似乎正在為此事商討。

日俄戰爭的俄國砲兵

一九〇四年四月二日，《倫敦新聞畫報》水彩畫絲網印刷。原圖說：冰面超載了：大砲和砲隊都掉進了冰水裡。

為爭奪中國遼東半島的利益，一九〇四年日俄兩國在中國的土地上開戰。當時歐美國家都站在日本一方，因此這張插畫描繪了俄國軍隊在中國境內遭遇的挫折。

中國組建新式陸軍 <small>（214頁圖）</small>

一九〇六年八月二十五日，《倫敦新聞畫報》水彩絲網印刷。原圖說：汽車裝備中國新軍：江蘇巡撫檢閱部隊兵。

新式軍隊的建設是清末新政的重要組成，不僅由洋教習訓練軍隊，還裝備了日、德兩國的先進武器。根據這則新聞的報導，自行車和汽車也成為部分新軍的裝備，不過，汽車只是用來給高級軍官乘坐的。記者注意到這些新軍雖然穿著新式的卡其布軍裝，配掛著駁殼槍，但他們都留著辮子，總督本人還戴著頂戴花翎。

辛亥革命與民國的命運

一九一二年二月三日，《倫敦新聞畫報》水彩畫絲網印刷。原圖說：新國民的舊迷信：三藩市唐人街的一位算命師。

儘管此時已經是民國元年，但生活在美國唐人街的中國人似乎還沒有跟上時代的變化。畫中三藩市唐人街的幾個中國男人，仍然穿著長袍馬褂，留著辮子，拿著煙杆，正等著算命先生解籤。辛亥革命爆發，民國成立，但前途未卜，正如這張畫所顯示，然而歷史的大江大浪正向前邁進，中國人的危機中充滿了無限的希望。

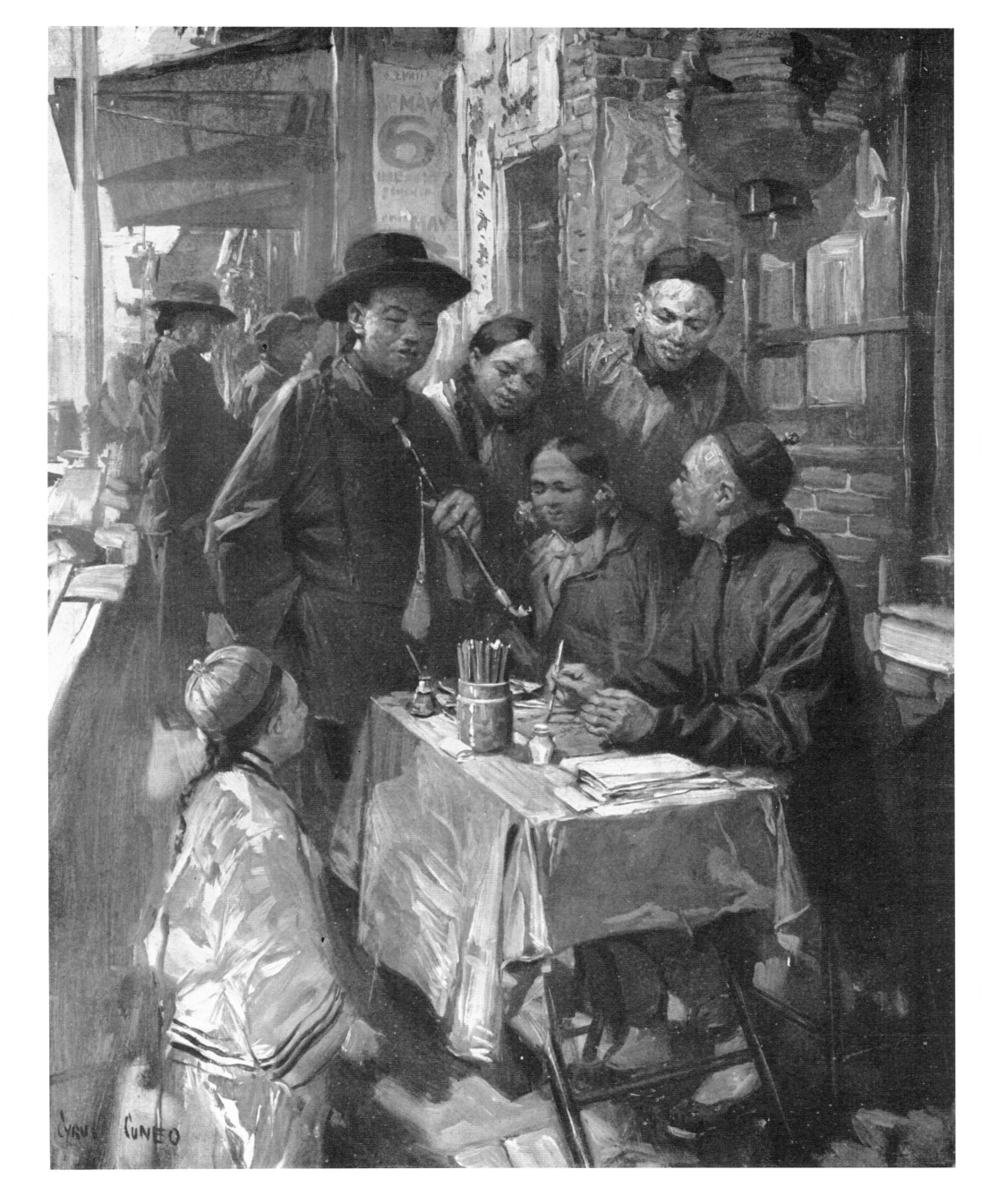

西洋畫刊與辛亥革命前後

徐家寧

　　一八四二年《倫敦新聞畫報》的創辦是報刊史和文化傳播史上的重要轉捩點，這種新鮮的報導方式很快即被大量複製。一時間，多家以圖像爲主體的報紙在歐洲大地鋪開，其中比較知名的有法國《小報》的增刊（ *Le Petit Journal Supplément Illustré* ）、法國《畫報》（ *L'Illustrations* ）、法國《十字報畫刊》（ *La Croix Illustratrée* ）、英國《圖畫報》（ *The Graphic* ）、英國《星球報》（ *The Sphere* ）等。

　　法國《小報》是一份一八六三年在巴黎創辦的日報，一八八四年增加了每週一期的增刊，用兩個整版以版畫的方式報導世界上正在發生的大事，一八九〇年代最輝煌的時候每日可銷售上百萬份。不同於《倫敦新聞畫報》，這份報紙的增刊以彩色石印版畫爲主，工藝複雜但是更具藝術性；其次《倫敦新聞畫報》的圖像報導主要是紀實風格，注重對新聞事件的記錄，而《小報》的增刊則更像是新聞評論，畫家往往會對新聞進行解讀，用水彩畫的形式把解讀和評論表現出來，再轉製成石版畫。如一九一一年二月五日號的頭版，集中表現了中國人在湧動的思潮下對剪辮子的不同反應；一九一一年十月二十九日，則通過軍官服裝的變遷，對中國在近代以後軍隊的發展做了一個概述，以呼應剛發生不久的武昌起義。一九〇〇年後，隨著印刷技術的進步，《小報》的增刊以絲網彩印取代了傳統的石印版畫，提高了效率卻絲毫沒

有降低畫作的品質。一九四四年，《小報》停刊，增刊也隨之終結。

　　法國《十字報》是一八八〇年在巴黎創刊的一份天主教報紙，起初只是月刊，一八八三年改爲日報，至今仍在發行，《十字報畫刊》是其增刊。因爲它的編輯發行有教會背景，這份報紙一直注重於宣傳教義和人文關懷，報導的內容除了世界新聞、宗教、科學和藝術的新動向，也關注社會問題的解決。它的風格接近《小報》增刊，選用兩個整版以彩色石版畫的方式表現新聞，對中國的報導也主要是集中在傳教和現代化發展的情況，比如一九〇七年十月六日這期的頭版，爲了表現中國的現代化進程，畫家把汽車、火車、穿洋服、打洋傘的中國人以及員警放在一個畫面裡。

　　法國的《畫報》是一份很老牌的週報，創刊於一八四三年。這份報紙的創刊時間、風格和形式都與《倫敦新聞畫報》接近，但是其在印刷技術上更爲大膽和超前，一八九一年該報第一次在報紙上印刷照片，一九〇七年第一次印刷彩色照片。二戰期間這份報紙爲法國傀儡政府服務，一九四四年盟軍解放巴黎後停刊。一九四五年以《法蘭西畫報》（ *France Illustration* ）爲名重新發行，一九五七年破產倒閉。《畫報》不僅重視新聞的快速、深度報導，還很重視版面的藝術效果，圖片的來源形式豐富多樣，既有特派記者的速寫或者水

彩畫，也有照片。一九一一年十月二十一日號，辛亥革命爆發僅十一天後，這份報紙就用三個整版對這一事件作了詳細報導，並配以照片、素描、手繪地圖等資料；一九二二年十二月一日溥儀大婚，《畫報》採用L. 薩巴捷（L. Sabattier）繪製的水彩畫，以一個對開版再現了婚禮隊伍到達新娘家的情景，豐富和準確的色彩、嚴謹的構圖，已經超越了插圖而成爲藝術品。

在《倫敦新聞畫報》的誕生地英國，還有另外幾家著名的以圖畫爲主的報紙。一八六三年，木刻版畫家出身的威廉‧盧森‧湯瑪斯（William Luson Thomas）在倫敦創辦了《圖畫報》。這份週報一開始即以《倫敦新聞畫報》爲目標，聚集了大批英國著名的木刻版畫家，如盧克‧菲爾茨（Luke Fildes）、赫伯特‧馮‧赫克默（Hubert von Herkomer）、弗蘭克‧霍爾（Frank Holl）、約翰‧米萊斯（John Millais）。這份報紙注重畫面的表現，對轉印之後的圖畫的視覺效果十分重視，因而更具藝術性和觀賞性。如一九一一年三月五日號，採用湯姆‧布朗尼（Tom Browne）所繪的幽默漫畫爲藍本，以簡單而流暢的線條勾畫出不同的人物和場景，以此來表現中國正在發生的變化。

英國的《星球報》創刊於一九〇〇年，同樣是一份以圖畫爲主的週報。因爲其創刊時印刷技術已經有了很大發展，木刻版畫和石印版畫正逐漸被絲網印刷取代，因而圖像的來源主要採用照片。這份報紙自創刊伊始便以《倫敦新聞畫報》和《圖畫報》爲競爭對手，風格與《倫敦新聞畫報》非常接近，注重用圖片報導新聞時事，如一九一二年三月二十三日號，就用北京使館區的戒備和被斬首示眾的搶劫犯照片報導了發生在北京的兵變，並配以孫中山和其原配夫人盧慕貞的肖像照片直指兵變背後的政治原因。

從十九世紀後期到二十世紀初，西方報刊對中國的報導始終圍繞兩個主題：中西方各種類型的交往，以及中國的政局。庚子事變以後清政府在新政、立憲等方面的允諾，以及風氣漸開之後傳統中國在走向現代化的過程中所產生的變化，帶給西方人更多的共鳴。於是在深厚的中國文化之外，西方的新聞從業者找到了更多可以深度挖掘的東西。對中國社會的觀察，從早期人種學、自然地理等方面的直觀印象，到二十世紀以後對變幻莫測的中國局勢的深度解析，無疑是一個質的飛躍。在這個過程中各種畫報提供了一個跨越鴻溝的橋樑，通過豐富而細緻的圖像，將映入西方視野的中國生動地記錄了下來。

慈禧太后肖像

一九〇〇年七月八日，法國《小報》彩色石印畫。
原圖說：西太后，中國的皇太后。

這幅慈禧肖像被發表的時候，第五屆世界博覽會正在
巴黎熱鬧的進行，中國館每天都要吸引上千觀眾，因
而西太后、這個中國實際的最高統治者，很自然地登
上了畫報的封面。

李鴻章肖像

一八九六年七月二十六日，法國《小報》彩色石印畫。
原圖說：法國的貴賓，中國特使李鴻章總督。

一八九六年二月，李鴻章受命出訪歐洲各國。他先乘
船至聖彼德堡，簽下《中俄密約》，又乘火車前往德
國、荷蘭和比利時，七月十三日抵達巴黎。他在巴黎
參加了法國國慶慶典，參觀了博物館、學校、企業
等，逗留半月之久，後又前往英國、美國、加拿大，
最後乘船返回天津。李鴻章在法國期間受到熱烈招
待，他的大幅畫像也登上報紙頭版。

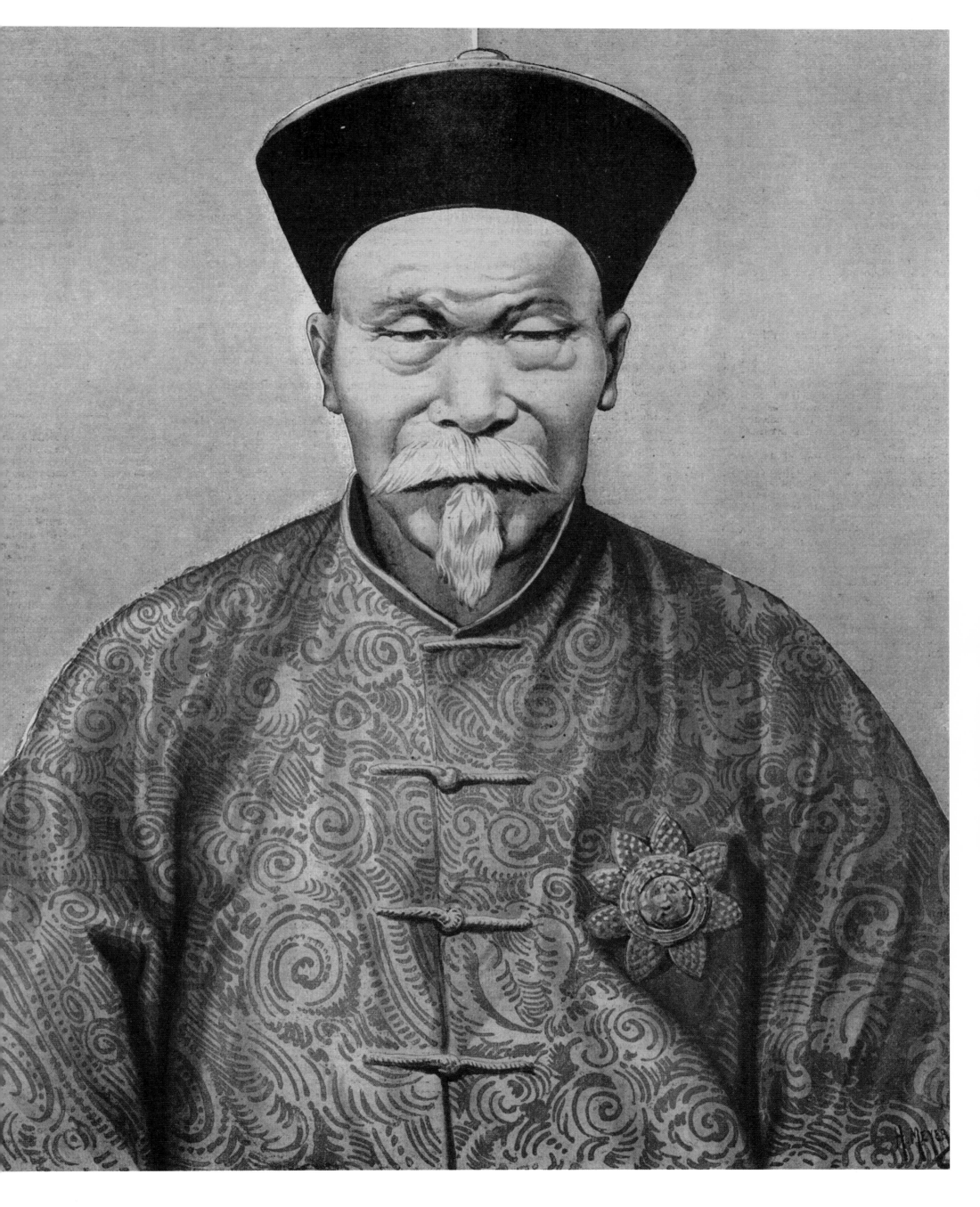

巴黎世博會中國館

法國《小報》彩色石印畫。

原圖說：一九〇〇年巴黎世博會，中國展廳。

一九〇〇年四月十四日至十一月十二日在巴黎舉行了
第五屆世界博覽會。此次世博會中國政府沒有正式參
加，但是大清海關仍然派出代表，並在巴黎修建了中
國風格濃郁的展廳。畫家把中國廳的各種元素匯集到
一幅畫中：主廳、國民樂利坊、官員形象、獨輪車、
瓷器製作等。

S. M. SY-TAY-HEOU
IMPÉRATRICE DOUAIRIÈRE

PORTE de PÉKIN

中國成立新式軍隊

一九〇九年八月二十九日,法國《小報》彩色石印畫。
原圖說:中國新軍。

經歷了兩次鴉片戰爭、中法戰爭、甲午戰爭、庚子事
變的晚清政府,對新式軍隊一直抱有很大的期望。由
新式的軍裝、新式的武器、新式的訓練裝備起來的新
軍正在訓練。

中國新軍檢閱儀式

一九〇七年四月七日，法國《十字報畫刊》彩色石印畫。原圖說：走向現代化的中國。

庚子事變後，袁世凱接掌定武軍，改革陸軍軍制，編練新式陸軍，創建了全新的西式編制新軍。

晚清大臣考察西方憲政

一九○○年七月八日，法國《小巴黎人》彩色石印畫。
原圖說：中國使團在巴黎市政廳講台上。

一九○五年七月，清政府為挽救危局，特派鎮國公載
澤、戶部侍郎戴鴻慈、兵部侍郎徐世昌、湖南巡撫端
方、商部右丞紹英等五大臣分赴東西洋各國考察政
治。後由於吳樾炸彈謀殺案而推遲。原定出國的兵部
侍郎徐世昌已獲任巡警部尚書，商部右丞紹英在謀殺
案中受傷，清廷另任命山東布政使尚其亨、順天府丞
李盛鐸代替。戴鴻慈、端方於十二月二日啟程，前往
美國、德國和奧地利考察。十二月十一日，載澤、尚
其亨、李盛鐸離京啟程前往日本、英國、法國和比利
時等國考察西方政治。次年，出洋考察憲政的大臣們
先後歸國，一九○六年九月一日清政府宣布實行「預
備立憲」。圖中載澤等人正在法國議會考察。

中國人第一次看到飛機

法國《小報》彩色石印畫。

原圖說：中國的第一架飛機。

晚清的中國依然十分閉塞，西方科學技術產生出的很
多新事物對中國人來說無異於天方夜譚。一九一一年
二月，馮如從美國歸來並在廣州開辦飛行器公司，一
九一二年三月製造出中國人的第一架飛機「馮如二
號」。中國人第一次在自己的土地上見到飛機，一些
人驚恐萬狀，外國人則揮手致意。一九一二年八月二
十五日，馮如墜機失事。

中國人學習西方服飾禮儀

法國《小報》彩色石印畫。原圖說：向中國人介紹歐
洲的著裝禮儀，議會變成了試衣間。

服裝和禮儀常常是瞭解另一種文化的開始。桌上擺著
各種式樣的西裝和帽子，兩個中國模特兒頭戴西式帽
子站在一邊，旁邊一個身穿西式禮服的男子左右手各
執一帽，正在向周圍的中國人介紹西方人的服裝和禮
儀。中國人開始瞭解西方文明，正從這一點一滴開
始。

腐化的大清官僚

法國《小報》彩色石印畫。
原圖說：中國的饑荒。

晚清時候各地頻現饑荒，饑民們骨瘦如柴，前來視察
的官員卻長得腦滿腸肥。饑民們大聲抗議，官員一臉
漠然。毒瘤已經深入社會的各個角落，一場巨大的變
革必然將要爆發。

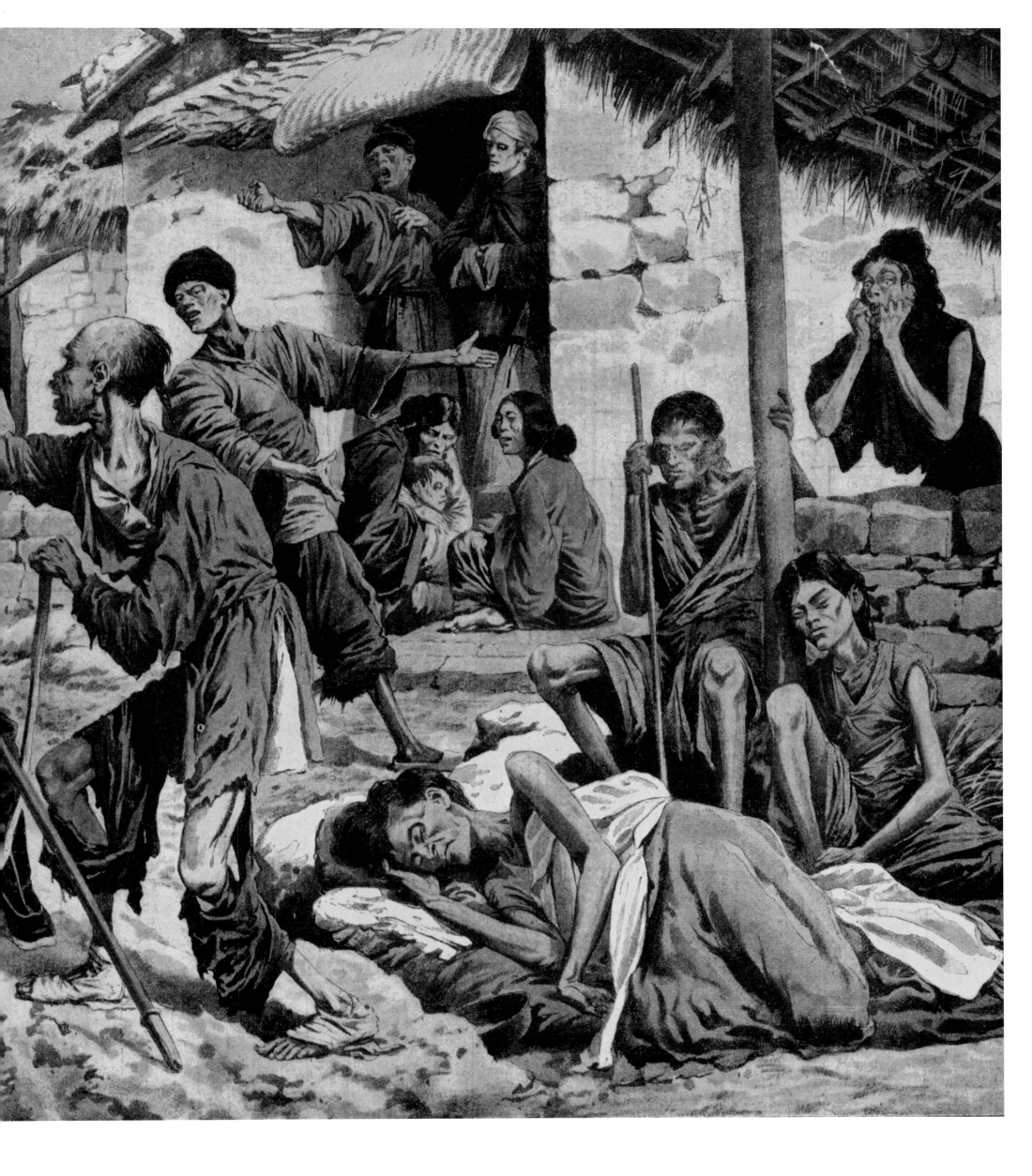

溥儀大婚盛典

一九二三年六月九日，法國《畫報》水彩畫彩色絲網印刷。原圖說：北京的皇室婚禮，宣統皇帝送給他的未婚妻郭布羅公主的禮物被送到新娘家的大門前。

一九二二年十二月一日，清帝退位十一年後，溥儀大婚。根據革命時與共和政府協議的條款，清帝退位後受外國君主禮遇，因而這次婚禮依然按照清代皇室的禮制進行，只不過沿途不僅有百姓圍觀，還有外國人拍照。這幅精美的水彩畫描繪的是金冊送抵皇后婉容家時的情景。